ESQUISSE

DE

LA GÉOGRAPHIE ET DE LA VÉGÉTATION

DES

HIGHLANDS D'ÉCOSSE

PAR

Marcel HARDY

UNIVERSITY COLLEGE, DUNDEE

1905

Préférant la corrélation des faits observés depuis longtemps à la connaissance des faits isolés, même nouveaux, la découverte d'un genre inconnu m'a semblé bien moins intéressante qu'une observation sur les relations géographiques du monde végétal.

HUMBOLDT.

PARIS

IMPRIMERIE GÉNÉRALE LAHURE

9, RUE DE FLEURUS, 9

ESQUISSE DE LA GÉOGRAPHIE ET DE LA VÉGÉTATION

DES

HIGHLANDS D'ÉCOSSE

ESQUISSE

DE

LA GÉOGRAPHIE ET DE LA VÉGÉTATION

DES

HIGHLANDS D'ÉCOSSE

PAR

Marcel HARDY

UNIVERSITY COLLEGE, DUNDEE

1905

> Préferant la corrélation des faits
> observés depuis longtemps à la
> connaissance des faits isolés,
> même nouveaux, la découverte
> d'un genre inconnu m'a semblé
> bien moins intéressante qu'une
> observation sur les relations géo-
> graphiques du monde végétal.
>
> HUMBOLDT.

PARIS

IMPRIMERIE GÉNÉRALE LAHURE

9, RUE DE FLEURUS, 9

PRÉFACE

Depuis quinze ans, l'Écosse possède un centre d'études géobotaniques dans l'École de géographie biologique et de sociologie d'Édimbourg (University Hall). M. le professeur P. Geddes, fondateur et âme de cette institution avec laquelle sont associés bien des noms respectés dans le monde scientifique, a toujours placé ces recherches en tête de son programme. Il a réussi à créer une tradition et à recruter, pour la maintenir, une série ininterrompue de spécialistes. De même que le mouvement, aujourd'hui vaste et actif, de l'étude de la nature (*Nature Study*) avait pris naissance dans cette atmosphère et s'était répandu dans tout le pays, l'idée phytogéographique fut propagée par A. Herbertson à Oxford ; par W.-C. Smith à Leeds et par Robert Smith à Dundee, formant partout des adeptes. Par une heureuse combinaison, les géobotanistes écossais sont tous envoyés à l'Institut de botanique de l'Université de Montpellier pour s'y rompre aux méthodes instituées par M. le professeur Ch. Flahault. Telle est aussi la double origine de ce travail.

La petite école d'Édimbourg compte déjà son martyr.

Après avoir, pendant deux ans, cherché à adapter à son pays les méthodes françaises, Robert Smith mourut, pour ainsi dire, à la tâche. Dans ce court intervalle, il avait créé une routine de travail, obtenu une première synthèse, défini et fait connaître à l'Écosse une branche jusque-là ignorée. Ses derniers travaux, dont plusieurs étaient inachevés, furent publiés par son frère, le Dr W. G. Smith de Leeds, lequel, à son tour, avait porté la tradition en Angleterre.

Pour reprendre les faits de plus haut, l'écologie végétale a provoqué dans les îles britanniques deux mouvements principaux d'importance très inégale. Le premier, dit aussi de la *Nature Study*, s'occupe surtout de l'écologie individuelle ou spécifique, suivant la voie féconde indiquée par *A. Kerner* dans le *Pflanzenleben*. On peut y associer les noms de *G.-F. Scott-Elliot, Marshall Ward, Prægel, Pethybridge*, etc. Il possède une bibliographie déjà volumineuse et de bons travaux de vulgarisation par la plume et le crayon. Son influence commence à se faire sentir dans tout l'enseignement botanique du premier et du second degré et à briser la routine systématique et anatomique dans laquelle il s'enfonçait.

Le mouvement *synécologique* ne fait, en somme, que débuter. Mais, outre les essaims partis d'Édimbourg, il a reçu l'appui de travailleurs indépendants et possède déjà un cadre solide dans lequel on trouve, entre autres, les noms de *W.-G. Smith, Moss, Rankine, Lewis, Woodhead, Oliver* et *Tansley*. Mais les façons d'aborder le même sujet n'ont pas été les mêmes. D'une part, *Woodhead, Oliver* et *Tansley* ont adopté la manière de voir de *Clements* (États-Unis) et, par une étude détaillée de très petites surfaces typiques à l'aide des méthodes mathématiques les plus rigoureuses, visent à éclaircir le terrain par des généralisations successives. C'est la méthode synthétique. De l'autre, le point de vue dominant est celui des approximations successives, des analyses de plus en plus profondes, des échelles de plus en plus grandes. C'est la méthode *analytique*. Nous nous rangeons dans ce dernier groupe. Les deux procédés sont d'ailleurs nécessaires et complémentaires, de même que les deux grands mouvements de l'*idioécologie* et de la *synécologie*.

INTRODUCTION

Conçu en 1899, ébauché sur le terrain en 1900, ce travail dut attendre, pour son exécution, une préparation de deux ans à l'Institut de botanique de Montpellier.

Il s'agissait d'une esquisse très générale des grands faits de la phytogéographie écossaise, pour servir de cadre à des études ultérieures plus détaillées et, autant que possible, dégager et formuler les principaux problèmes sur lesquels devait se porter l'attention des observateurs locaux.

Notre programme original était vaste et comportait la floristique, la phénologie et la paléontologie. Nous avons dû sacrifier ces parties. La statistique florale est, d'ailleurs, très avancée dans ce pays et nous ne pouvons que renvoyer aux nombreux ouvrages spéciaux ou d'ensemble. Quant à la phénologie et la paléobotanique post-glaciaire, les documents existants étaient si pauvres et nos observations personnelles si fragmentaires que toute tentative de synthèse eût été prématurée. L'ordre logique eût peut-être exigé un traitement par généralisations successives. Mais la clarté de l'exposition nécessitait avant tout une description générale du pays. C'est pourquoi nous avons placé au début les grandes unités géographiques qui théoriquement venaient en dernier lieu.

Ce travail se termine par une étude des influences de la végétation sur l'homme et des réactions de l'homme sur la nature, dans laquelle trouvent place des considérations plus ou moins étrangères à la botanique pure. Nous n'en sommes heureusement plus à devoir justifier ce procédé.

Acquittons-nous ici de notre dette de reconnaissance envers M. le professeur Geddes dont nous avons dit l'influence sur cette tentative et envers M. le professeur Flahault, à l'enseignement et aux conseils duquel nous avons dû de pouvoir accomplir notre tâche.

En 1903 et 1904, des subsides du *Government Research Grant Committee* de la Société royale de Londres ont quelque peu allégé les dépenses occasionnées par nos voyages. Marquons-en-lui notre gratitude.

Offrons aussi nos remerciments les plus sincères aux amis qui nous ont aidé dans la confection et la transcription des cartes, la préparation des statistiques basales et autres travaux : Mme Marthe Hardy, Miss Helen Hay, MM. D. Foggie et F. Laing de Tayport.

Marcel HARDY.

TABLE DES MATIÈRES

PREMIÈRE PARTIE

CHAPITRE I

GÉNÉRALITÉS

CHAPITRE II

DIVISIONS GÉNÉRALES

A. — Domaine occidental

B. — Domaine oriental

CHAPITRE III

SUBDIVISIONS DU DOMAINE OCCIDENTAL

CHAPITRE IV

SUBDIVISIONS DU DOMAINE ORIENTAL

DEUXIÈME PARTIE

LES ASSOCIATIONS VÉGÉTALES

SECTION I. — LES FORÊTS

CHAPITRE I

LA ZONE INFÉRIEURE

CHAPITRE II

LA ZONE SUBALPINE

SECTION II. — LES PRAIRIES

CHAPITRE I

GÉNÊRALITÉS

CHAPITRE II

LES ASSOCIATIONS

CHAPITRE III

LES SUCCESSIONS D'ASSOCIATIONS

SECTION III. — LES LANDES

CHAPITRE I

LES LANDES SÈCHES

CHAPITRE II

LES LANDES TOURBEUSES

CHAPITRE III

LES SUCCESSIONS D'ASSOCIATIONS

TROISIÈME PARTIE

LES UNITÉS TOPOGRAPHIQUES

QUATRIÈME PARTIE

LA VÉGÉTATION ET L'HOMME

CHAPITRE I

LES GRANDES DIVISIONS

CHAPITRE II

LES ZONES DE VÉGÉTATION

CHAPITRE III

LES ASSOCIATIONS

Ben Nevis vu de l'ouest. — Pentes entièrement déboisées.

Phot. J. *Valentine*.

ESQUISSE

DE LA GÉOGRAPHIE ET DE LA VÉGÉTATION

DES

HIGHLANDS D'ÉCOSSE

PREMIÈRE PARTIE

CHAPITRE I

GÉNÉRALITÉS

§ I. — Configuration générale.

Le diagramme ci-dessous fixera dans l'esprit une image schématique de l'Écosse, de sa situation géographique, de sa figure générale et de ses grandes divisions topographiques.

Un premier coup d'œil nous révèle un massif étendu de terres hautes ou *Highlands* qui occupe le nord et l'ouest du pays. Un noyau moins important de collines couvre la partie sud, tandis que les deux massifs sont bordés et reliés par des plaines ondulées ou *Lowlands*.

Poursuivant plus loin notre analyse, nous distinguons, au nord de la dépression centrale du Forth et de la Clyde, deux grandes masses, l'une triangulaire, l'autre en vague trapèze, séparées par une ligne de fracture que marque le *canal calédonien*. Le terme *Grampians* embrasse la majeure partie, d'ailleurs mal délimitée, des hautes montagnes de la portion orientale, tandis que le reste, à l'ouest, est englobé sous la désignation de « West-Highlands ».

2

L'altitude moyenne des montagnes est d'environ 900 mètres ; quelques sommets seulement atteignent 1200 mètres. Mais, en raison du niveau de base, toujours très voisin de celui de la mer, l'effet de pittoresque et de grandeur, accru par l'escarpement des pentes et la présence très générale de couronnes de nuages, ne laisse pas d'être frappant. Sous ces latitudes élevées, l'altitude

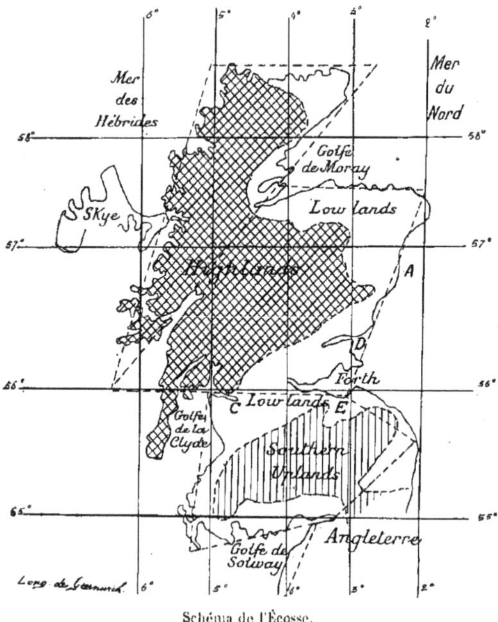

Schéma de l'Écosse.

prend une importance plus considérable et fait vite sentir son influence; les zones de végétation sont étroites et les niveaux alpins très abaissés. Tandis que dans le centre et le sud de la France, à 1000 mètres, on se trouve encore dans la zone du chêne, en Écosse, à pareille altitude, on ne rencontre que les alpages ou la désolation des sommets.

Isothermes du nord ouest de l'Europe (d'après J. Hann).

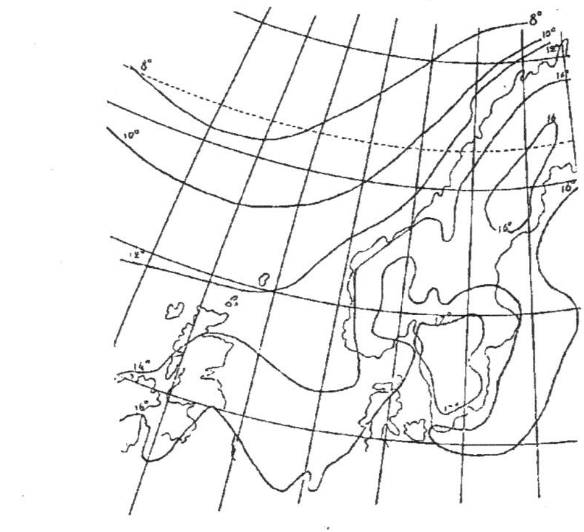

Moyenne de janvier.

Moyenne de juillet.

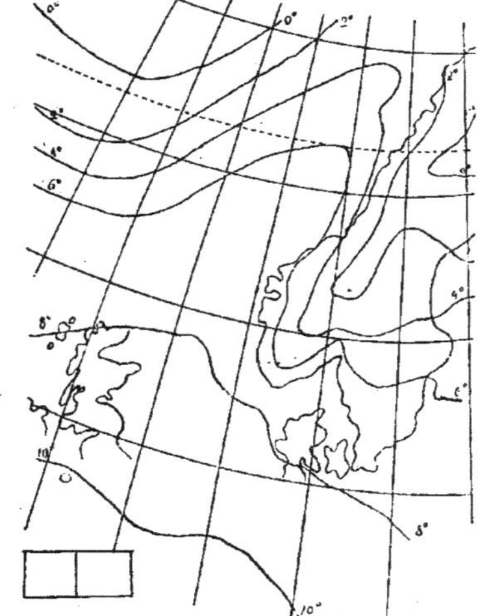

Isothermes annuels du nord-ouest de l'Europe.
(J. Hann.)

Isothermes annuels de l'Écosse.
(A. Buchan.)

Ecarts des températures extrêmes de l'année.
(J. W. Van Bebber.)

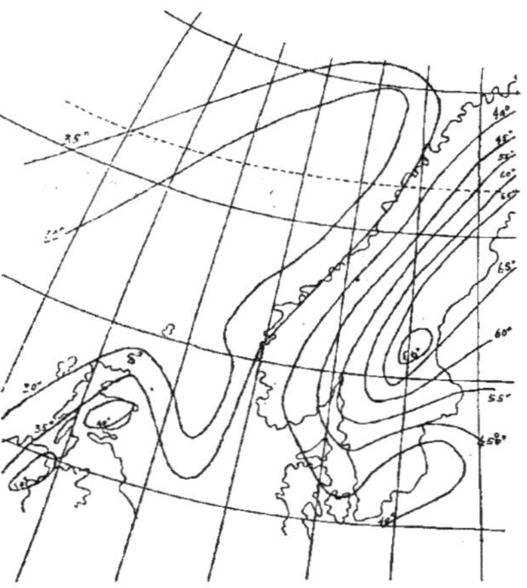

Minima thermiques annuels.
(J. W. Van Bebber.)

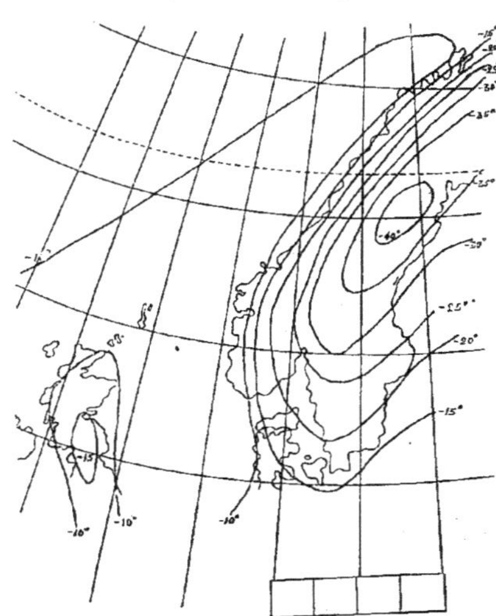

Heures de soleil par an.
(H. König.)

Isohyètes annuels.
(A. Supan.)

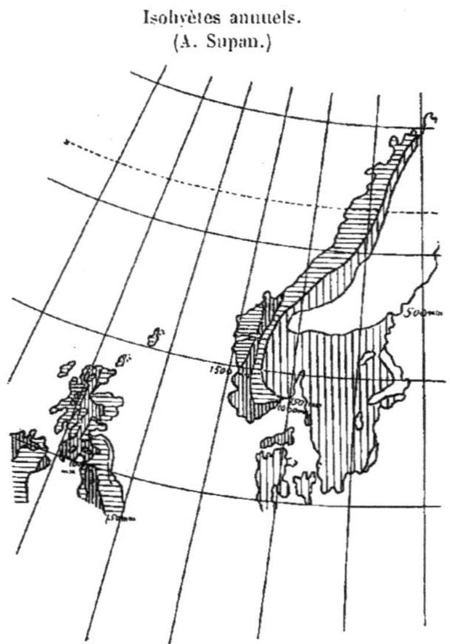

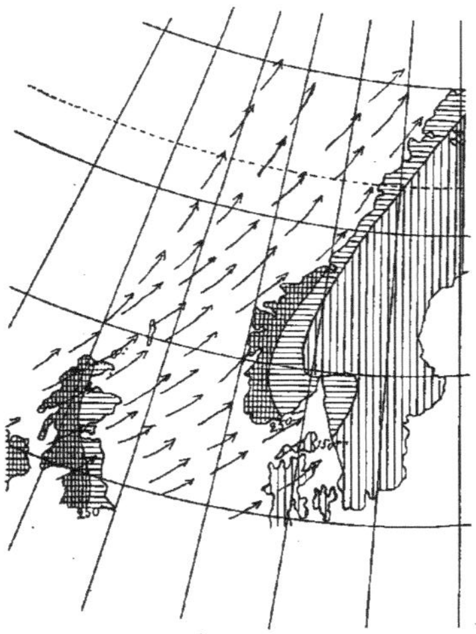

Isohyètes de juillet
(A. Supan.)
Vents d'après Supan.

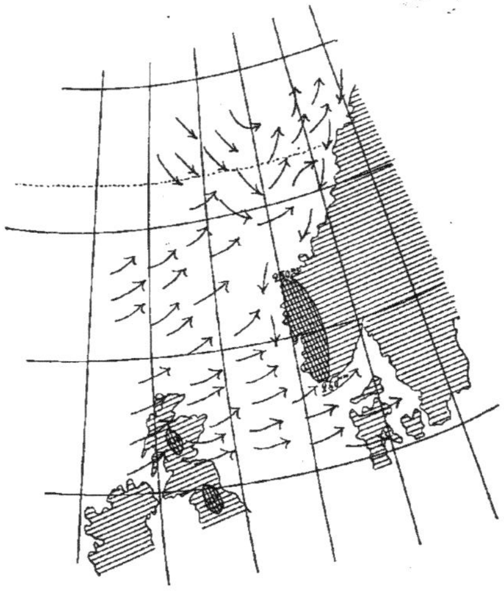

Isohyètes de janvier
(A. Supan.)
Vents d'après W. Koppen.

Régime pluvial de l'Écosse. (A. Buchan.)

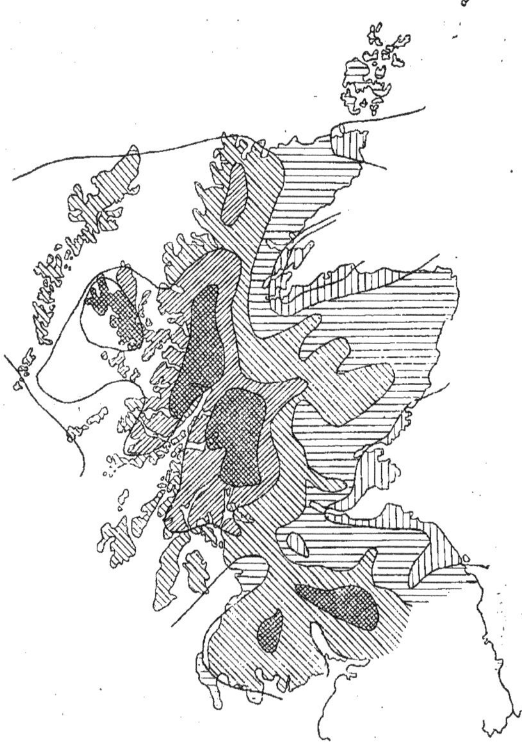

Au-dessous de 75ᵐᵐ . . . . . . Hachures verticales.
De 750ᵐᵐ à 1000ᵐᵐ . . . . . . Hachures horizontales.
De 1000ᵐᵐ à 1500ᵐᵐ . . . . . Hachures obliques à gauche.
De 1500ᵐᵐ à 2000ᵐᵐ . . . . . Hachures obliques à droite.
Au-dessus de 2000ᵐᵐ . . . Quadrillage.

§ II. — **Climat**.

Le climat de l'Écosse est plutôt froid, humide et assez uniforme. La température moyenne de l'année peut s'évaluer à 8°,5 environ, celle de l'hiver restant en dessous de 4° tandis que celle de l'été ne dépasse guère 14°. Le régime thermique de l'est est plus extrême que celui de l'ouest et, toutes choses égales d'ailleurs, les oscillations s'accentuent avec l'éloignement de la mer.

La distribution des précipitations annuelles montre des écarts bien plus considérables que celle des températures. Tandis qu'au fond du golfe de Moray, on rencontre une sécheresse relative avec une lame d'eau de 625 millimètres, les apports atmosphériques dans les grands massifs de l'ouest s'élèvent au chiffre énorme de 3200 millimètres. Le printemps est la saison la plus sèche. Dès le mois de juillet, la moyenne mensuelle se relève graduellement pour atteindre son maximum au mois de novembre.

Si la neige est rare dans les basses terres et dans les montagnes occidentales, elle devient beaucoup plus fréquente et plus abondante dans les Grampians. Elle y persiste aussi plus longtemps. C'est encore là que les gelées développent leur intensité maximale. Ailleurs, pour fréquentes qu'elles soient, elles n'atteignent, le plus souvent, que quelques degrés sous zéro.

Les vents règnent avec violence sur tout le pays et dominent du sud-ouest. Les côtes orientales ont cependant à souffrir de nombreuses périodes de vents froids du nord-est, tandis que les plaines septentrionales de Caithness sont balayées par les bourrasques du nord et du nord-ouest.

§ III. — **Géologie**.

En deux mots, nous dirons que l'Écosse montagneuse est essentiellement, et surtout pour la partie qui nous occupe, un pays de gneiss, de granite et de schistes métamorphiques recouverts jusqu'à 600 mètres environ de dépôts glaciaires de tout genre.

L'histoire morphogénique est très compliquée. C'est d'abord une série de longues périodes marines et sédimentaires alternant avec des périodes d'émersion et d'érosion dont témoignent les formations lewisiennes, torridoniennes, cambriennes et siluriennes et leurs stratifications discordantes. Avant la période dévonienne ou du vieux grès rouge, intervint une série de bouleversements tectoniques, dislocations, plissements et chevauchements qui produisit un métamorphisme intense et probablement une topographie tourmentée. Il s'ensuivit des dépressions partielles ou totales, après quoi une émersion prolongée permit l'érosion jusqu'à un certain niveau de base non seulement des sédiments nouveaux dont on ne retrouve que de faibles traces, mais encore des formations métamorphiques. Le soulèvement ultérieur de ce niveau de base à une altitude moyenne de 1000 mètres produisit une nouvelle période d'érosion intense qui affouilla, dans le plateau ainsi formé, les vallées telles que nous les avons aujourd'hui. La surface enveloppe des sommets actuels, ne serait donc[1] que le niveau de base d'érosion antérieur. Des mouvements tectoniques primitifs, l'influence ne se fait sentir que très faiblement.

CHAPITRE II

DIVISIONS GÉNÉRALES

Au point de vue qui nous occupe, c'est la *précipitation annuelle* qui nous permettra d'analyser le pays en deux grands domaines principaux : le domaine occidental et le domaine oriental. À égalité d'altitude, l'écart thermique du sud au nord et de l'est à l'ouest, qu'on le prenne à n'importe quel mois de l'année, ne dépasse pas $1°,5$ à $0°$. Son influence, pour réelle qu'elle puisse être, nous a entièrement échappé. L'altitude joue, par contre, un rôle bien plus important et détermine des zones de végétation bien distinctes. Mais ici encore, à altitude égale, l'aspect des montagnes de l'ouest est tout différent de celui des Grampians de l'est. C'est ainsi que nous sommes amenés à attribuer la prépondérance à la chute annuelle des pluies, nous conformant, d'ailleurs, de la sorte, à la tradition et à l'impression presque inévi-

1. Sir A. GEIKIE. *Scenery of Scotland*

table produite sur le voyageur. L'étude du diagramme des pluies révèlera de suite la valeur numérique de cet écart. Sur le Moray Firth, par exemple, au niveau de la mer, le chiffre annuel ne dépasse pas 600 millimètres, tandis qu'au sud, dans le Glen Croe, au nord-ouest de Glasgow, à une altitude inférieure à 200 mètres, ce chiffre s'élève à plus de 5000 millimètres. Numériquement si important, cet écart ne l'est pas moins indirectement, en modelant le relief, que par son influence directe sur les plantes.

Il est naturel que cette division, due à l'écran montagneux jeté en travers des vents atlantiques humides, se produise à peu près suivant la ligne de partage entre le versant atlantique et celui de la mer du Nord. Mais cette démarcation n'est forcément qu'approximative ; la condensation se continue, dans la plupart des cas, bien au delà de la ligne de faîte, elle-même souvent très indécise. C'est ainsi que la région occidentale empiète considérablement sur le versant de la mer du Nord. Le détail des limites résulte, pour le surplus, du levé sur le terrain. L'examen de la carte géobotanique révèlera les particularités suivantes :

Dans le nord-ouest, la ligne ou zone frontière est rejetée vers l'ouest, en raison des basses terres qui s'étendent à l'est de la mince chaîne de montagnes. Elle va rejoindre la côte occidentale près d'Ullapool, par environ 58° latitude nord. laissant ainsi une brèche de basses collines qui s'étendent jusqu'à la mer du Nord.

De l'embouchure du Loch Broom, la limite court vers le sud-est, englobant et contournant les hauts massifs du Ben Dearg et du Ben Nevis pour se diriger vers le sud jusqu'aux environs du Loch Arkaig. Influencée alors par l'ouverture du canal calédonien, elle dévie vers l'est, en passant derrière les massifs du Ben Nevis, du Creag Meaghaidh et du Ben Alder. Elle rase les extrémités ouest des lochs Rannoch et Tay, englobe les monts de Balquhidder et du Lomond pour se perdre dans la dépression centrale et reparaître plus au sud dans les *Southern Uplands*.

Ainsi que le remarque Sir A. Geikie, la différence topographique entre l'est et l'ouest des hautes terres est due, en toute raison, à la différence de la quantité de pluies. L'érosion plus intense de la surface primitive dans l'ouest n'y a laissé subsister que des pics et des crêtes étroites tandis que les Grampians ont conservé une partie de leurs plateaux de sommets. De plus, les pentes supérieures des montagnes occidentales, soumises à une dénudation constamment plus forte, semblent ne pas permettre à la végétation de s'y établir et offrent, en conséquence, un frappant aspect de nudité, en contraste avec les sommets orientaux. Mais il y a

Ancien plateau d'érosion d'Écosse sculpté en montagnes tabulaires,

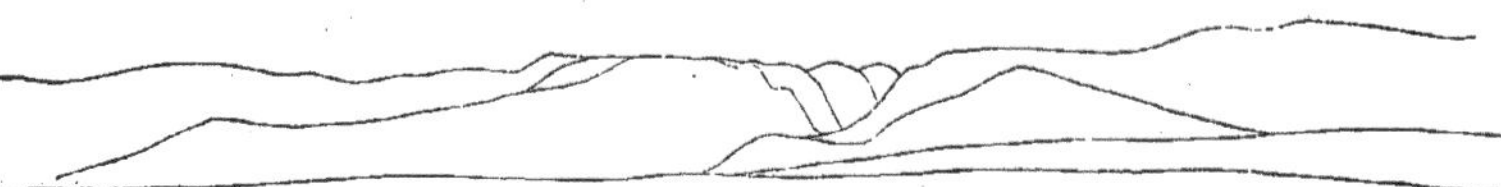

Vue du massif des Grampians prise du nord-ouest.

plus : le climat de l'ouest est constamment humide et nuageux ; la précipitation bien répartie ; les oscillations de la température sont réduites.

L'eau tellurique aussi bien que l'humidité atmosphérique sont ainsi bien assurées. Ces conditions sont, d'après Schimper [1], éminemment favorables à la végétation des prairies. De fait, dans l'ensemble, nous avons à faire à un paysage de prairies de pentes. Si, par suite de la dureté de la roche, les flancs sont assez raides, ces pâturages peuvent être excellents. C'est le cas des montagnes de Dundonnel, près du Loch *Broom* des massifs du Mamsoul, du Ben Attow et des monts des lochs *Lomond*, *Goil* et *Long*, au nord-ouest de Glasgow.

Ailleurs, les roches étant plus tendres, le profil est plus doux ; le drainage est imparfait ; les pâturages sont humides, mouilleux, souvent tourbeux. C'est le cas, entre autres, des basses collines qui s'étendent du Loch Shin au Loch Broom et, en général, des pentes inférieures des fonds, des territoires au drainage incertain.

L'abondance des pluies n'est pas favorable à la culture des céréales. L'on peut même dire que, du nord au sud, le domaine occidental est essentiellement pastoral. La densité de la population est à son minimum. A part les hôtelleries qui tendent à devenir de jour en jour plus importantes, les habitations, pour la plupart, de misérables huttes, sont disséminées le long des rives et au fond des fjords. Les villages sont très rares ; les seules agglomérations de quelque importance sont les villes d'eaux.

1. Schimper. W. *Pflanzengeographie.*

Les Grampians jouissent d'un climat plus sec et plus âpre ; le ciel est plus pur ; les pluies réduites ; l'hiver y est plus rigoureux ; l'été plus chaud. Le massif est traversé de quelques larges vallées et entouré de plaines sur trois côtés. C'est, pris dans l'ensemble, un paysage de bruyères en montagne et de cultures dans les vallées. Les pâturages sont vite envahis par la bruyère. Au sommet des massifs du Cairngorm et du Lochnagar, par 1 000 et 1 200 mètres d'altitude, s'étendent de vastes plateaux alpins. La population est beaucoup plus nombreuse et plus prospère que dans l'ouest. La culture remonte très loin dans les vallées. Les villes et autres agglomérations sont comparativement nombreuses. Le reboisement y a fait des efforts sérieux et c'est dans cette région que se rencontrent les plus belles forêts naturelles ou artificielles du pays entier.

La distinction traditionnelle reçoit donc une confirmation complète par les différences climatiques, topographiques et végétales.

Astreints que nous sommes à prendre les grands aspects de la végétation, nous nous voyons naturellement obligés, pour les besoins de la cartographie, de rendre les transitions plus abruptes et les distinctions plus nettes qu'on ne les trouvera dans la réalité. Il est certain, par exemple, que l'on rencontrera des millions de plantes de bruyère dans l'ouest et des graminées dans l'est. Peu d'espèces en Ecosse ont une répartition si locale, qu'on ne puisse les trouver au nord et au sud, à l'est et à l'ouest, à l'état isolé. Mais notre but étant moins floristique que phyto-géographique, nous considérerons qu'au point de vue synécologique les éléments étrangers que l'on trouve dans les pâturages de « West-Highlands » sont subordonnés, de même que les graminées que l'on rencontre dans les bruyères de l'est. Ces difficultés, communes à toute généralisation et à toute interprétation, sont augmentées dans le cas de l'Ecosse où les différences, excepté peut-être celles qui sont dues à l'altitude, sont, au total, peu marquées ; la végétation très monotone et les passages très lents.

Bien que les altérations que l'homme peut faire subir à la nature soient, en majeure partie, régies par les conditions physiques, il importe de ne pas perdre de vue que l'état actuel de la végétation est en grande partie artificiel ; de ne pas baser des conclu-

sions sur la considération purement statique des faits. Il devient
nécessaire d'étudier jusqu'à quel point l'influence de l'homme a
modifié les conditions primitives et en quoi ont consisté les changements. On pourrait se faire une idée fausse ou incomplète du
sol et de la végétation primitive de l'île de Jersey, si l'on n'envi-
sageait que le merveilleux développement de la culture intensive
qu'elle nous offre aujourd'hui. L'on pourrait aussi bien désespérer
de l'avenir des Alpes et des Pyrénées, si l'on ne voyait statique-
ment que certaines pentes ruinées par l'homme.

Il en est de même en Ecosse. On éprouve certaines difficultés
à lire la couverture primitive du sol et la « vocation » réelle des
pentes à travers la désolation actuelle des bruyères et des herbes
acides.

Les documents qui peuvent nous servir à la reconstitution de
la végétation sont les restes encore existants des forêts primitives,
les débris enfouis sous la tourbe, les documents historiques, enfin
les essais de régénération spontanée.

L'étude directe des conditions de climat et de sol permettra
jusqu'à un certain point la critique de ces documents. A ce titre,
nous la placerons en premier lieu.

A. — DOMAINE OCCIDENTAL

Abordant directement l'étude des reliques de la végétation pri
mitive en Écosse, considérons d'abord les survivants des forêts
anciennes :

§ I. — **Zone du chêne**.

Aux niveaux inférieurs, comme on pouvait s'y attendre, le
déboisement a été, si possible, plus complet encore qu'ailleurs.
Aussi les survivants sont-ils excessivement rares.

Dans les fjords et les basses vallées d'Argyle, cependant, au
sud-ouest des *Highlands*, se cachent encore quelques forêts de
chênes mêlées de frênes, de sorbiers, de bouleaux, d'aunes et de
peupliers, avec sous-bois de coudrier, houx, aubépine, etc. Ces
bois, dont l'origine se perd, ont persisté en dépit des déprédations

de toute sorte. Çà et là se rencontrent des porte-graines d'âge
et de taille respectables. Mais les bois, en général, ne portent pas
le cachet de l'ancienneté. Ils ont été trop souvent exploités. Vers
1840, l'aire totale de ces bois naturels était évaluée à 4000 hectares. Ils ne dépassent pas 150 à 200 mètres d'altitude. Le sol ne
jouit d'aucune propriété spéciale et consiste en argile et en lehm.
Leur situation ne se distingue des endroits similaires, quoique
dénudés et livrés à la tourbe, à la bruyère et aux prairies, par
aucun avantage spécial d'abri, de pente ou d'exposition. Leur
maintien semble dû aux soins de la famille seigneuriale d'Argyle
qui possède le pays depuis quelques siècles et a plutôt encouragé
le reboisement par le précepte et l'exemple[1].

Les rives du *Loch Awe* (Argyll) offrent aussi, surtout vers le
nord, de nombreux bois de chênes et autres feuillus dont l'origine
paraît être spontanée. Il en est de même au sud du *Loch Etive*,
entre Oban et le Loch Awe. Ici, les forêts sont situées sur des plateaux de porphyrite, couverts partout ailleurs de prairies tourbeuses, de bruyères et de hautes tourbières.

Comme précédemment, on chercherait en vain une supériorité
quelconque dans l'habitat de ces bois, généralement exposés aux
vents dominants du sud-ouest. En raison de leur mauvaise
exploitation, aucun d'eux ne mérite d'ailleurs le nom de futaie
et, en beaucoup d'endroits, le bouleau a envahi et remplacé le
chêne.

Le paysage de la partie occidentale du Perthshire tire son
charme, tant apprécié des touristes, des bois qui le recouvrent
encore et dont plusieurs sont certainement d'origine spontanée et
ancienne. Le loch Katrine surtout est bien abrité et le chêne y
joue encore un rôle très important, bien que, peut-être à la suite
d'une exploitation peu sage, le bouleau y tienne aujourd'hui une
place considérable. Aux yeux du botaniste, pourtant, c'est ici une
région de chêne par excellence.

Si nous pénétrons plus avant dans les montagnes, par Callander,
jusqu'au Loch Earn, nous rencontrons de nombreux vestiges de
bois de « *Quercus* » avec çà et là, des souches de dimensions
considérables. Partout se lisent les effets de la négligence et des
déprédations.

1. De 1852-1856, 500 000 arbres ont été plantés (O. S. A.).

Plus remarquable, peut-être en raison de son altitude, est la forêt naturelle de la rive ouest du Loch Laggan. Elle s'étend du niveau du lac soit de 244 mètres le long des pentes douces jusqu'à 275 mètres environ. Cette forêt est aujourd'hui de plus en plus clairiérée et de plus en plus envahie par le bouleau. Mais les chènes et autres feuillus y atteignent de belles dimensions et ne semblent nullement souffrir de l'altitude. Aux alentours et en terrain identique, s'étendent de vastes prairies tourbeuses et des bruyères où le bouleau se resème abondamment.

C'est, d'ailleurs, un fait général que cette extension du bouleau de préférence aux autres essences. Devons-nous y voir, en partie au moins, l'influence du pàturage ? Les rapports que nous avons recueillis sur place en maint endroit semblent indiquer que les feuilles de cette espèce ne sont pas recherchées par les herbivores en général.

Joint à la puissance de propagation du bouleau, et à l'exploitation maladroite, ce phénomène peut expliquer jusqu'à un certain point cette transformation des forèts. Passant rapidement par-dessus les bois similaires dont il reste des bouquets le long des lochs Etive, Creran, etc., nous arrivons à l'autre lèvre de la fracture calédonienne, dans l'ìle de Mull où, à de basses altitudes, se rencontrent ce qui fut autrefois des bois feuillus de chène mèlé, passant aujourd'hui au bouleau avec mélange de pin sylvestre. Tels sont les bois de Craignure et du loch[1] Spelve sur les côtes nord-orientales.

Le district de Morven, sur la rive nord du détroit de Mull, est bordé de taillis et semis mèlés de feuillus et de bouleaux exposés aux vents salés du sud-ouest et pourtant vigoureux.

Mais c'est surtout sur le loch salé de Sunart que ces bois prennent une certaine extension. Le fjord est mieux protégé contre les vents et l'écume atlantiques, et ses rives en pentes sont couvertes de chènes.

Comme dans la majeure partie du pays jusqu'aux rives septentrionales, la roche est crystallophyllienne, tantôt gneiss et tantôt micaschiste. D'après les renseignements recueillis sur les lieux, ces forêts auraient été autrefois régulièrement exploitées au point de vue commercial. L'abondance du bois étranger et le coût du

1. Loch = Lac ou fjord.

transport les laissent aujourd'hui sans valeur. Bien qu'il se rencontre bon nombre d'arbres de grand âge, il ne s'agit évidemment pas ici d'une futaie régulière. L'exploitation dut être sans méthode et partout se voit l'empreinte des déprédations humaines. Le sous-bois est pauvre et la reproduction ne réussit pas.

Mentionnons encore les bois d'Arisaig et des nombreux fjords qui échancrent la côte ouest. Il y a, je pense, peu de doute qu'une bonne partie des feuillus des vallées telles que celles du Loch Arkaig, du Glen Garry et du Loch Hourn, soit d'origine spontanée et ancienne. Les futaies sont pourtant très rares et limitées aux domaines seigneuriaux. Ailleurs, les essences de qualité inférieure, sorbier, tremble et surtout bouleau, ont remplacé le chêne dont on voit des traces indubitables. Les bois situés plus au nord, en semblable situation, tels que ceux du Loch Shieldaig, du Gairloch, etc., sont, pour la plupart, formés de bouleaux. Nous devons cependant faire exception pour la pineraie clairiérée du Loch Maree aujourd'hui envahie par les grands saules, les trembles et les bouleaux. Elle présente encore un noble aspect, très rare dans ce domaine occidental. Aujourd'hui, elle est entrée dans une ère de décadence et exigerait des soins immédiats.

Enfin, les rives du Loch Broom portent des traces indubitables du boisement passé. Les bouquets de très anciens coudriers, aubépines et houx sont nombreux. Les arbres isolés ou en groupes prospèrent à merveille et atteignent un grand âge. Les plantations de la tête du fjord, qui peuvent atteindre de quarante à soixante ans, sont en bonne voie de développer de nobles futaies.

Au nord de ce point, il n'existe à notre connaissance aucune trace de forêt primitive en dehors de petits bois de bouleaux d'origine spontanée.

Que la région ait été beaucoup plus boisée dans les temps historiques, et que la destruction des forêts ait été due à des causes purement humaines, dans la plupart des cas, c'est ce que s'accordent à dire la tradition et les archives locales. C'est aussi ce que confirme l'examen des tourbières qui ont fourni aux habitants des souches d'arbres formant d'excellent combustible. Aux altitudes ne dépassant pas 200 mètres, dont nous parlons, on trouve les témoignages suivants :

Glen Kinglas (Loch Etive). — Forêt de chêne exploitée par une fonderie de fer, il y a moins de deux cents ans; détruite.

Ben-Lui (entre Tyndrum et Oban-Argyll), forêts détruites il y a quelque cent ans.

Ile de Lismore. — Chaque famille avait le droit de s'approvisionner de bois dans les forêts de l'île, jusqu'à concurrence de six chargements de féluque.

Ile de Mull. — Forêts abondantes jusqu'au xviiie siècle.

Morven. — Forêts détruites au milieu du xviiie siècle. La tourbe a fourni des débris de forêts de chênes, notamment dans toutes les tourbières de Crinan (détroit de Jura, S.-W); dans la presqu'île allongée de Kintyre; entre le Loch Awe et la mer, paroisse de Kilmartin; dans l'île de Mull et la presqu'île de Morven; plus au Nord, à Glensheil, sur le Loch Duich (N.-W); dans le district de Scourie et d'Eddrachillis et dans les tourbières à l'ouest de Tongue.

Dresser la liste complète des endroits où les essais de régénération spontanée du chêne se laissent observer sous forme de taillis ou de perchis, généralement exploités à moins de vingt ans pour les usages locaux, serait long et fastidieux. Bornons-nous à citer entre autres localités bien connues :

Loch Katrine.	Loch Fyne.	Loch Linnhe.
Loch Earn.	Loch Awe.	Loch Leven.
Loch Lubnaig.	Loch Melfort.	Glen Garry.
Loch Vennachar.	Loch Etive.	Loch Hourn.
Loch Achray.	Loch Creran.	Loch Lochy.
Loch Lomond.	Ile de Mull.	Loch Oich.
Glen Falloch.	Presqu'île de Morven.	Loch Ness.
Loch Long.	Loch Shiel.	Loch Broom.
Loch Goil.	Glen Catlop.	Loch Maree.
Gare Loch.	Loch Eil.	

Comme on le voit, il s'agit, dans la plupart des cas, des pentes qui descendent aux lacs et des creux des vallées. C'est là, en effet, grâce à l'humidité constante de l'atmosphère et à l'abri relatif, que la végétation est la plus vigoureuse et la plus luxuriante. Cette indication a été suivie par beaucoup, et avec succès, dans l'œuvre naissante du reboisement.

Si nous résumons les enseignements de cette revue rapide, nous voyons, dans la zone inférieure et bien que les restes indu-

― 19 ―

bitables de forêts primitives soient très peu nombreux, que :

1° Les forêts de chênes mêlés d'autres feuillus dominaient et dominent dans la plupart des cas dans l'ouest;

2° Qu'elles s'étendaient autrefois sur des territoires bien plus vastes;

3° Que partout, la régénération spontanée est à l'œuvre, en particulier sur les rives des lacs.

Nous regrettons que nos documents soient si incomplets et ne doutons pas qu'une recherche, plus approfondie dans cette voie, ne fournisse une ample récolte de données positives. Mais si nous n'avons fait, en quelque sorte, qu'effleurer le sujet, nous pensons être fondés à croire que la zone inférieure des terres hautes de l'ouest est essentiellement une zone de forêts de chênes.

Quant à la limite supérieure de cette zone, point qu'il nous reste à fixer, les observations que nous avons recueillies aux endroits ci-dessus mentionnés, tant pour les vieilles forêts que pour les aires de régénération spontanée, accusent une moyenne de 255 mètres. Cette limite, qui varie nécessairement avec l'exposition et l'abri, peut être reportée en certains endroits vers 275 mètres. La zone de 250 à 275 mètres est une zone critique où le pin tend à remplacer le chêne, comme dans les célèbres forêts du Loch Rannoch et du Loch Tulla, dans le nord du comté de Perth. Bien que nous soyons en dessous de 250 mètres d'altitude et malgré les traces évidentes du chêne[1], nous voyons ici le pin et le bouleau en possession complète du terrain.

§ II. — Zone du pin ou zone subalpine.

L'ouest est très pauvre en anciennes forêts de pins sylvestres, très pauvre aussi en efforts spontanés de régénération forestière de ce résineux. Aussi nos documents sont ici surtout historiques; les plantations elles-mêmes sont de peu d'importance.

A la limite entre le chêne et le pin forestiers, et aussi entre l'est et l'ouest, la forêt de Rannoch et celle de Crannach pourraient mieux se nommer *bruyères de pin*, selon la nomenclature allemande. Elles sont très ouvertes et toutes envahies par la bruyère.

1. HUNTER. *Woods and Forests of Perthshire*, 1880.

Mais elles contiennent nombre d'arbres magnifiques et s'étendaient bien davantage au xviie siècle, avant leur destruction partielle par l'industrie. Le bouleau tend de plus en plus à dominer. Aucune circonstance de climat ou de sol ne semble prédestiner au pin ces endroits en particulier. Selon nous, il faut les considérer comme des survivances dues à des faits d'ordre historique.

Il existe de très nombreux bouquets de pin parsemés le long des vallées, souvent sur des rochers, la plupart du temps dans des endroits d'accès difficile à l'homme et à ses animaux. Ils indiquent au moins une probabilité qu'avec une protection suffisante, ils pourraient se resemer ailleurs.

Parmi les petits bois de ce genre, les plus remarquables, citons entre autres ceux du Loch Achalt, à l'est du Loch Broom ;

Du Kerrysdale, sur le Gairloch ;

Du Loch Clair, dans le Glen Torridon ;

Du Strome Ferry (Carron Loch) ;

De la tête et des pentes du Loch Hourn ;

Enfin ceux du district de Morar.

La plupart de ces reliques des forêts disparues descendent à des niveaux inférieurs, voire même jusqu'au bord de la mer, venant ainsi corriger et compliquer la synthèse de la zone du chêne telle que nous l'avons esquissée plus haut.

Des forêts résineuses du Ben-Lui, il ne reste, depuis plus d'un siècle, que des traces sans importance. Dans le territoire montagneux compris entre le Loch Etive, le Loch Rannoch et le Loch Lomond, au cours des trois derniers siècles, des forêts superbes furent complètement épuisées par l'industrie[1]. On cite, entre autres, les bois de Cranich (Crannoch?), Doiridarroch, Glenfuath, Correhorie, Coirre Vicar, Glenstrae et Glen Kinglas.

On trouve des souches de pins ensevelies sous la tourbe, dans la presqu'île de Kintyre, dans l'île de Mull, dans le Morven, et plus au nord, dans les districts de Glenelg, Loch Duich, Gairloch, Loch Broom, enfin dans le nord, du côté de Scourie et d'Eddrachillis, dans la vallée de Dirrie More, dans Strath Bran, et nous pensons pouvoir dire sans erreur, dans toute la région.

Les plantations actuelles sont assez prospères, mais plutôt rares.

1. Ces données sont tirées des *New Statistical Accounts*, 1840.

Quant aux limites d'altitude, nous n'avons aucune donnée pour les fixer. Les bois et plantations existantes sont évidemment bien en dessous de leurs limites possibles et nous ne nous sentons pas fondés à les prendre pour base d'évaluation, surtout en présence des chiffres fournis par le domaine oriental.

Que parmi les forêts de pin sylvestre, il ait existé des tourbières primitives, c'est assez vraisemblable. Malheureusement, nous avons peu de moyens de les délimiter.

B. — DOMAINE ORIENTAL

Les plantations furent de tout temps plus nombreuses dans les hautes terres et les plaines de l'est. Aussi la difficulté de distinguer les bois originaux est-elle plus grande encore qu'à l'ouest. Certes, nous devons ici tenir compte des facilités d'accès et de la densité de la population. Mais, en dernière analyse, le nombre et l'extension de ces plantations ne sont-ils pas en eux-mêmes des indications que, depuis longtemps et, du moins en ce qui concerne les forêts de résineux, les capacités du sol et du climat ont été reconnues par les habitants ?

§ I. — Zone du chêne.

Depuis le fleuve du Forth, jusque vers le 58° de latitude nord, le chêne est présent partout aux altitudes inférieures. Dans les domaines privés, on trouve des forêts d'essences feuillues de toute beauté et des futaies de grand âge. L'analyse des bois du comté de Perth, par Hunter, montre les richesses forestières du district. Il n'est pas en notre pouvoir de séparer les plantations centenaires des possibles reliques des forêts primitives exploitées et transformées. L'examen de la carte révélera une multitude de petites plantations disséminées par toutes les plaines et dans les vallées. Mais les principaux territoires, où la vocation réelle de cette zone pourra se remarquer, se trouvent dans la vallée de la Tay et de ses grands affluents, dans les vallées de la Dee et de la Don, de la Spey et de la Findhorn, de la Conan, de l'Orrin et de la

Shin, dans l'estuaire de Dornoch et le long de la côte nord-est jusqu'à Brora. Les ravins qui s'ouvrent sur la mer du Nord portent encore, jusque près de Wick, des bouquets de chênes.

Tels sont, par exemple, Berriedale et Dunbeath. Les plaines ondulées de Caithness sont très pauvres en chêne, quoique l'on en voie des exemplaires et des groupes isolés aux environs de Watten et jusque dans les échancrures abritées, près du village de Tongue et à l'embouchure du Loch Hope, sur la côte nord. Au total, c'est au sud du 58ᵉ parallèle que le chêne fait réellement partie du paysage.

Mais il s'en faut que les bois de la zone inférieure consistent exclusivement en chêne mêlé. L'on sera sans doute frappé du nombre et de l'extension, à ces basses altitudes, des forêts de résineux, surtout *Larix europæa* et *Pinus sylvestris*. En réalité, beaucoup de ces plantations de conifères jouent un rôle préliminaire et protecteur.

Les essences feuillues sont le but final des propriétaires.

En d'autres cas, peut-être aussi fréquents, la valeur marchande du mélèze a tenté le forestier. Ailleurs encore, le goût esthétique a présidé au choix des essences.

Pour le surplus, il existe, tant dans la plaine que dans les vallées et sur les pentes basses, de nombreux terrains trop légers et trop superficiels pour les *hardwood* ou bois durs.

Malgré toutes ces exceptions, on ne tardera pas à reconnaître que l'on est ici dans le pays du chêne et qu'il ne faut attribuer au pin et au mélèze qu'une valeur et une fonction locales. C'est d'ailleurs ce que confirment à la fois la tradition et les sub-fossiles de la tourbe.

Procédant du sud au nord, relevons les découvertes de « chênes des tourbières » et autres feuillus aux environs des localités suivantes.

Dans la vallée de la Dee : Aberdeen, Petercoulter, Aboyne, Logie-Coldstone et Tarland.

Dans la vallée de la Don : Insch, Alford, Old Meldrum et Culsalmond.

Dans le Strathbogie : Clatt, Gartly, Huntly, Keith, Old Deer, New Deer, Peterhead, Saint-Fergus, Fraserburgh, Lonmay, King Edwards, Turriff, Crimond, Cromarty, Contin et Tain.

Dans ces tourbières, la faible proportion de pins montre, au-dessus de tout conteste, que le pays entier était couvert de forêts feuillues avec, çà et là, au gré du sol, des îlots de pins sylvestres.

Ce que dut être la flore primitive des grands bois peut se deviner par la richesse actuelle de certains vallons bien abrités et fertiles, mais retirés et qui ont servi de refuge à bien des espèces d'humus forestier, aujourd'hui devenues très rares, telles que *Neottia, Polygonatum verticillatum, Convallaria, Paris, Gagea,* etc.

Il est évident que le témoignage fourni par les tourbières doit avant d'être pris pour base de conclusions, être soumis à une critique rigoureuse. Nous réserverons cette discussion pour l'étude des tourbières elles-mêmes, afin d'éviter les diversions.

Partout où elle a quelque chance d'échapper à l'homme et aux animaux, la régénération spontanée est abondante et vigoureuse.

§ II. — Zone du pin sylvestre.

Le pin est mieux représenté encore que le chêne. Parmi les forêts anciennes, nous comptons celle de *Rannoch*, les splendides forêts de la vallée de la Dee et celles de la vallée de la Spey, Rothiemurchus et Abernethy. Nous citons ailleurs une liste de certaines forêts mentionnées dans des documents historiques et dont il ne reste plus de traces. Bornons-nous à dire que partout où l'on a fait l'expérience de planter du pin sylvestre ou du mélèze, on a obtenu des résultats excellents. Le sol est généralement assez léger et le climat se prête admirablement à ces tentatives. La carte montrera d'ailleurs la quantité de petites plantations, qui ne sont pourtant qu'un début, mais qui prouvent les capacités du pays tant en plaine qu'en montagne.

Les tourbières de la zone du pin sylvestre sont, somme toute, moins nombreuses que celles de la zone inférieure.

Les pentes qui constituent la plus grande partie de la surface, portent surtout de la bruyère sèche. On a cependant extrait de la tourbe dans les pays de collines aux environs de Cabrach, Strathdon, Kiltearn, Tarbat, Lairg, Kildonan ainsi que dans les montagnes où, pour nous limiter, nous citons seulement les tourbières de Rannoch, du loch Ericht (Dalwhinnie), du loch Laggan, du Strathbran, du Dirriemore et, au nord du loch Shin, celles du Crask (près du Ben Clibreck), d'Altnaharra (Loch Naver), de Tongue, etc.

L'étude de ces restes sub-fossiles montre :

1° Qu'à mesure que l'on s'élève dans les montagnes, le pin devient de plus en plus fréquent et finit par dominer ;

2° Qu'à mesure que l'on s'élève en latitude, le pin se montre de plus en plus exclusivement et descend aux altitudes inférieures ;

3° Qu'une bonne partie des forêts aujourd'hui enfouies furent coupées ou brûlées.

En ce qui concerne les limites inférieures et supérieures de la zone en question, nous pouvons nous baser *a* sur les données actuelles, *b* sur les restes en tourbières.

Ces témoignages demandent, au préalable, une certaine critique. Il y a, en effet, très peu de doute que le déboisement général ait produit en Écosse un abaissement artificiel de la limite forestière, en général, et des limites supérieures des zones altitudinaires, en particulier, ainsi que M. Flahault l'a montré pour le cas des Cévennes [1]. Cette présomption est d'ailleurs confirmée par les essais de reboisement d'où il ressort qu'avec un peu de soin, on peut reporter les limites des plantations résineuses à une altitude presque insoupçonnée. Elle nous sert aussi à corriger, dans une certaine mesure, l'assertion si commune que l'on ne peut conclure de ce qui fut à ce qui serait possible. Il reste encore à prouver, en effet, que le climat a subi une détérioration. Les arguments tirés de l'abaissement de la limite actuelle du pin ne forment, croyons-nous, qu'un cercle vicieux.

Prenons quelques chiffres pour nous fixer sur ce point :

Les limites actuelles des forêts atteignent :

Dans la vallée de l'Oykell, sur le Breac Bheinn . . . . . 396 m ;
Sur le Knock Cor Guinie, au nord d'Alness . . . . . . 396 m ;
Sur le Caishlan, au-dessus d'Alness . . . . 396 m ;
Sur le Carn Dearg More, à Aviemore, vallée de la Spey . 609 m ;
Dans la forêt d'Abernethy, Strathspey . . . . 550 m ;
Au-dessus de Kincraig, Strathspey . . . . 530 m ;
Dans la forêt de Glen More, Strathspey . . . . 530 m ;

1. CH. FLAHAULT. *Les limites de la végétation forestière*, etc....

Dans la vallée de la Dee, forêt de Ballochbuie. . . . .   530 m ;
Au-dessus de « Linn of Dee ». . . . .   600 m ;
Sur le Meall Gorm. . . . .   600 m ;
Sur le Loch Ericht . . . .   610 m.

Les plantations au delà de 550 mètres, cependant, lorsqu'elles sont faites sans abri, sont très lentes et rabougries.

En donnant un chiffre de 600 mètres, en moyenne, pour les montagnes au sud du golfe de Moray, nous proposons plutôt une limite possible, mais à atteindre graduellement et avec précautions.

Au nord d'Inverness, ce chiffre s'abaisse à 500 mètres et peut-être moins.

Quant à la limite commune du pin et du chêne, on la place généralement à 250 mètres environ. Sur les pentes sud et bien abritées, elle atteindra 500 mètres.

Dans les Grampians, la zone du pin est surmontée d'une zone étroite de bouleau, qui, comme le remarque R. Smith, est d'autant plus intéressante qu'elle est toujours spontanée. On ne plante guère le bouleau, en Écosse.

Nous pouvons donc prendre avec sécurité les limites qu'elle nous fournit elle-même allant, de 600 à 650 mètres et en un endroit, mais à l'état isolé jusqu'à 699 mètres.

En conclusion, nous sommes en droit de croire, sur le témoignage des expériences faites à peu près en toutes situations, jusqu'à 600 mètres, à la primitive et spontanée généralité du boisement des Grampians en pin sylvestre, comme à celui des plaines en chêne et en feuillus.

Ceci, d'ailleurs, introduit une nouvelle différence entre l'est et l'ouest. Le climat trop pluvieux de l'ouest n'est évidemment pas aussi favorable au pin que celui des Grampians. C'est ce qui résulte des observations recueillies dans les *New Statistical Accounts* des paroisses. Nous avons remarqué, en plusieurs endroits, la rapidité avec laquelle les forêts de pin deviennent moussues et mouilleuses. L'Écosse n'a point eu, comme la Norvège, l'avantage de posséder l'épicea. C'est peut-être un inconvénient sérieux ; car il paraît devoir être l'arbre par excellence de l'ouest de l'Écosse où les conditions climatiques[1] répondent admirablement à ses exigences.

La raideur des pentes, si fréquente dans les grands massifs de cette région, doit, selon nous, expliquer en bonne partie l'extension et le maintien du pin sylvestre. Ajoutons que, depuis le déboisement, les montagnes occidentales ont été si bien *lavées* de leur sol, que les difficultés du reboisement y seront probablement bien plus considérables.

CHAPITRE III

SUBDIVISIONS DU DOMAINE OCCIDENTAL

D'après les caractères du climat et de la topographie, retentissant sur la végétation, nous divisons le domaine occidental des terres hautes de la façon suivante :

1° *District lewisien*, découpant une bande côtière allant du cap Wrath au Gairloch et s'étendant aux Hébrides ;

2° *District du Sutherland occidental*, compris entre la mer au nord, le domaine oriental à l'est et au sud et le district lewisien à l'ouest ;

3° *District de Ross et du Westerness*, allant du Loch Broom au Loch Eil et du canal calédonien à l'Atlantique ;

4° *District des Highlands du sud-ouest*.

Le district est ici conçu dans l'acception que lui donne M. Flahault[2].

Quelques mots d'explication justifieront cette subdivision.

Un coup d'œil au diagramme des pluies annuelles lui donnera une première base climatique. Il révélera trois aires de précipitation maximale allongées du sud au nord, l'aire supérieure, qui est aussi la plus petite, possédant un maximum moins élevé. Mais il n'expliquera point la bande lewisienne. L'étude de la carte topographique et de l'esquisse géologique seront donc nécessaires. Enfin l'examen des grands aspects de la végétation montreront

---

1. Mouillefert. *Traité des arbres et des arbrisseaux.*

2. Flahault. *Projet de nomenclature phyto-géographique*, 1901.

Unités géographiques du nord de l'Écosse.

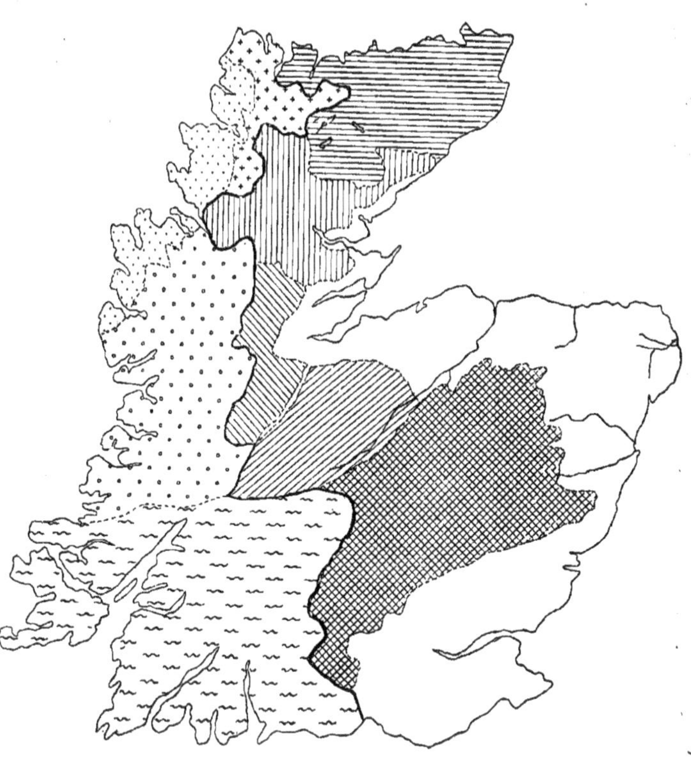

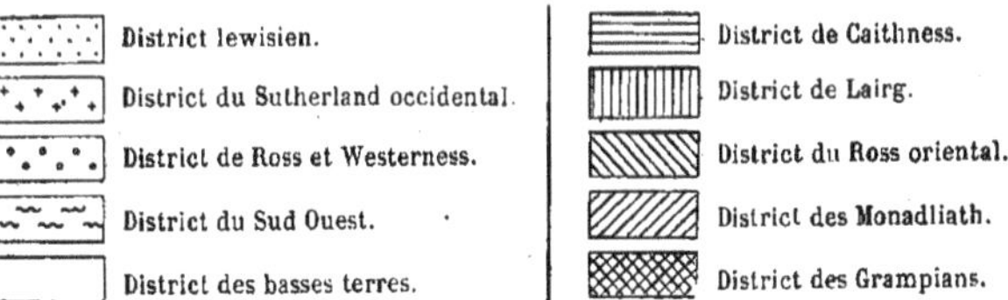

jusqu'à quel point ces données physiques retentissent sur le paysage végétal.

§ I. — **District lewisien.**

Climat. — La précipitation annuelle diminue vers le nord-ouest et reste en dessous de 1500 millimètres aux altitudes inférieures de la bande côtière. Malgré la latitude élevée, les conditions thermiques sont remarquablement modérées et constantes. Ce n'est pas une des moindres surprises que de trouver tout au nord de l'Ecosse, près de Scourie, un palmier de 5 mètres prospérant en plein air, à côté de fuchsias et d'hydrangeas. Mais les vents du sud-ouest et du nord-ouest sont aussi très constants et très puissants. La végétation requiert l'abri des collines. M. Cockayne a montré pour la Nouvelle-Zélande comment le vent pouvait donner au tapis végétal un aspect que les conditions d'humidité et de température ne laisseraient pas soupçonner. Dans notre district, quelques mètres d'altitude causent une énorme différence. Non loin d'un palmier de 5 mètres prospérant à l'abri, un chêne, après des années de lutte, n'a pas pu dépasser la taille d'un groseillier et rase encore le sol. La gelée n'est pas connue dans le district.

Topographie. — Cette partie est la plus curieuse de toute l'Ecosse. Elle est, au total, délimitée par l'affleurement du gneiss lewisien, la plus ancienne formation du pays. Des hauteurs du nord-est, par un soir d'été, peu de spectacles sont plus frappants. C'est positivement une mer pétrifiée. Dans une brume dorée qui enlève toute réalité au paysage, se succèdent, ondulent à l'infini, des crêtes, des dômes, des croupes, des bosses, à la silhouette surbaissée, arrondie et élégante ; toutes parallèles, toutes au niveau monotone, comme autant de sombres vagues de pierre.

Si nous pénétrons dans le district, nous nous perdons dans un labyrinthe de gigantesques blocs de gneiss aux sommets dénudés, aux abruptes murailles de 100 à 200 mètres de hauteur. Ici, ce sont des falaises, aux anfractuosités desquelles se suspendent des touffes de fougères ou de bruyères ; là, c'est un dôme couvert aux deux tiers d'un court gazon ; ailleurs, des pentes de bruyères, de graminées et de fougères. Entre ces pans, ces blocs, ces dykes,

courent d'innombrables lacs et torrents, les uns semblables à des
puits, les autres s'allongeant en courbes fantastiques; beaucoup
sont frangés de buissons de bouleaux, sorbiers des oiseleurs, coudriers, même de pins. C'est le district des milliers de lacs.

Fragment de la carte du Sutherland occidental. — Lacs du district lewisien.

En dépit de la faible altitude, il est à peine question de boiser
ces falaises. Elles n'ont pu donner asile qu'à des bouleaux et à
des pins isolés. Défendue cependant contre la dent du lapin et
du mouton, à l'abri des murailles, au milieu des fougères, la
régénération spontanée serait abondante. Disons plutôt qu'abondante à l'heure actuelle, elle n'attend qu'une occasion de se développer. Somme toute, il s'agit d'une végétation de maigres pâturages et de bruyère.

Les détails du paysage botanique sont régis par les variétés de
composition et de structure de la roche qui déterminent la pente
et le drainage. Le sol étant très mince, l'influence de la roche se
fait pleinement sentir. Les parties à diabase ont une topographie
très escarpée et, en conséquence, une population végétale très
clairsemée. Mais elles fournissent, sur les paliers, une flore riche
et variée où dominent d'admirables masses de fougères, parmi
lesquelles notons *Hymenophyllum turnbridgense* L., *Allosorus
crispus* Bernh., *Lomaria Spicant* Desv., *Asplenium Adiantum
nigrum* L., *Asplenium marinum* L., *A. viride* Huds., *A. Tricho-*

manes L., *A. Ruta Muraria* L., *A. septentrionale* Hull., *Scolopendrium vulgare Sym*, *Cystopteris fragilis* R. Br., *Aspidium aculeatum* Sw., *A. spinulosum* Sw.

Le contour des schistes et des variétés tendres de gneiss hornblendique est plus adouci. Les mamelons et croupes de ce genre forment des îlots de pâturages de bonne qualité et d'un agréable contraste avec les sombres roches des alentours. Mais ils ne sont pas fréquents. Quant aux variétés acides de ce gneiss lewisien, elles portent une bruyère vigoureuse, souvent mêlée de graminées. Les lacs ou *tarns*, selon l'expression locale, présentent quatre types bien distincts, mais entre lesquels abondent les intermédiaires.

a) Il y a d'une part les vasques rocailleuses ou rocheuses, superficielles, à l'eau cristalline où *Lobelia Dortmanna* agite ses frêles clochettes, où l'on voit aussi *Subularia aquatica*.

b) Il y a encore les cuvettes tourbeuses couvertes de *Nuphar luteum*, envahies par des prairies de *Menyanthes trifoliatum*, *Carex ampullacea*, *Equisetum palustre*.

c) Il y a les puits trop profonds pour la végétation.

d) Enfin, mentionnons les creux ou mares envahies de *Scirpus lacustris*, *Equisetum limosum*, etc. Ces dernières sont souvent en voie de comblement.

Dans un tel district, la population est naturellement très clairsemée. Dans les échancrures ou fjords de la côte s'abritent de rares hameaux de pêcheurs qui profitent en même temps du produit de quelques alluvions fertiles. Le pâturage lui-même est très réduit. Au sud du Loch Broom, cependant, le caractère de la bande s'ouvre beaucoup. Il s'y mêle beaucoup de grès torridonien. Les hameaux et avec eux la culture le long des côtes sont plus fréquents. Mais il n'est pas certain que ce ne soient pas les propriétaires qui aient ainsi établi de force leurs tenanciers en dehors des vallées intérieures.

§ II. — District du Sutherland occidental.

Ce district qui s'allonge dans une direction méridienne, à l'est du précédent, possède une physionomie toute différente.

Climat. — Grâce aux montagnes, la précipitation est plus forte que dans la bande côtière, mais moindre que dans les districts suivants. Elle varie avec l'altitude et atteint de 1500 à 1800 millimètres. Sur les flancs des montagnes, le vent atteint une grande violence, qu'il vienne du sud ou du nord du quadrant ouest. Quant à la température, en moyenne plus basse que dans le district précédent, elle se résout, pour les détails, en une question d'altitude, d'exposition et d'abri, dont les moyennes ne donnent aucune idée.

C'est un paysage de hautes montagnes mais d'une topographie très irrégulière, avec des pics isolés comme *Ben Spionn, Ben Hope, Quinag, Canisp, Suilven* et, en général, les monts torridoniens ou de petites chaînes comme celles du *Foinaven* et celle du *Ben More*. Les pentes, aussi bien celles du grès torridonien de l'ouest que celles des gneiss de Mhoine, plus à l'est, sont très raides. Avec leurs calottes de quartzite blanc, les monts torridoniens forment des cônes isolés sans ordre. Les chaines de gneiss ressemblent à de hautes murailles. Dans les deux cas, les sommets jusqu'à 550 mètres sont absolument nus et désolés. La végétation n'a pas réussi à y prendre pied. Il est difficile de croire que le cerf ou le mouton entre pour quelque part dans le phénomène. Les pentes sont trop escarpées, même pour eux.

D'ailleurs, la limite forestière a dû être très basse ici, grâce à la combinaison de l'exposition et de l'escarpement des pentes. Dans le massif du *Ben More*, cependant, la végétation atteint bien au delà de 600 mètres; les profils sont moins raides et tout porte à penser que les arbres ont pu trouver un sol plus profond et plus ferme, malgré la variété de composition géologique du groupe montagneux. Exception doit être faite pour les pentes de quartzite qui se découpent en escaliers où les tourbières alternent avec les faces presques verticales des blocs.

L'influence de la géologie n'est pas moins remarquable d'une façon directe que par le modelé du terrain.

C'est ainsi que les calcaires cambriens de *Durness-Erriboll* donnent un paysage bien caractérisé. Aux pieds du massif du *Ben More*, on retrouve les escarpements et la denteclure bizarre du calcaire compact. Les ravins des rivières deviennent profonds et étroits; les grottes, les fissures, les pertes de rivières apparaissent malgré le peu d'extension de cette formation. La végétation y est d'un vert très frais et consiste presque exclusivement en prairies excellentes, se transformant en riches « cariceta » et « junceta » dans les fonds. Un des caractères de cette formation géologique sont les prairies à *Dryas octopetala*, qu'on ne retrouve ailleurs que sur les filons calcaires.

Les quartzites du Coniveall donnent la bruyère et la tourbe, sur les pentes inférieures, et des surfaces nues, plus haut. Enfin le Ben More lui-même, formé de gneiss lewisien, offre d'assez bons pâturages, de même que les pentes ouest du Ben Spionn et du Foinaven. Les formations végétales y sont surtout les prairies à *Sesleria caerulea*, vers le bas; celles à *Festuca ovina*, plus sèches; sur les déclivités, celles à *Nardus stricta* et à *Juncus squarrosus*, sur les paliers des pentes.

Les monts torridoniens ne sont point aussi fertiles. La proportion de tourbières et de bruyères y devient plus considérable.

§ III. — **District de Ross et Westerness.**

Dès qu'on a passé la série monotone des basses collines qui s'étendent de Lairg au Loch Broom, on pénètre, vers le sud, dans un district très régulier de hauts massifs montagneux qui se succèdent sans interruption jusqu'au Loch Eil.

Climat. — D'une façon générale, la précipitation augmente du nord au sud, comme l'indique le diagramme des pluies. Elle dépasse ici 2000 millimètres, en diminuant vers la côte atlantique avec l'altitude générale.

La température est aussi plus uniforme et légèrement plus élevée que dans la division qui précède, probablement en raison du resserrement des montagnes. Les vents sont exclusivement du sud-ouest et aussi plus constants au cours de l'année.

Topographie. — Que l'on s'imagine des chaînes régulières, courant de l'ouest à l'est avec des déviations d'environ 30 degrés au sud ou au nord de la direction moyenne. Du haut d'un sommet, on a l'impression d'une surface ondulée à 900 mètres environ d'altitude moyenne, formée de crêtes étroites en succession infinie.

Pour le touriste, le district se résout en une série de vallées profondes, étroites, parallèles, resserrées en des cols inférieurs, et parsemées de chapelets de lochs allongés.

La structure géologique est aussi très uniforme et comporte

toutes les variétés de la série cristallophyllienne de « *Moine* » qui couvre l'immense majorité des Highlands occidentaux.

« Nous trouvons, dit Sir A. Geikie[1], deux types de schistes dominants et largement répandus. L'un est un gneiss à muscovite et biotite qui représente peut-être une primitive série de sédiments argileux soumis à un métamorphisme intense et « granitisés ». L'autre, qui paraît avoir été une série épaisse de strates sableux, forme un grès quartzeux granulitique, dans lequel les bandes de couleur et la fausse stratification n'ont pas été complètement oblitérées. »

Ce qui nous importe surtout ici, c'est que cette série varie beaucoup dans sa résistance à l'érosion. Tandis qu'autour du Loch Shin, elle nous donne des roches tendres formant de basses collines au relief monotone, ou des plateaux au drainage incertain, comme dans la « forêt » de Balmacan qui borde le Loch Ness à l'ouest, ailleurs sa résistance produit de hautes chaînes au profil escarpé et aux crêtes étroites : telles sont les chaînes du Ben Derg et Freevater, de Chailleach et Fannich, du Moruisg et du Sguir Vuillin, du Riabhachan, du Mamsoul, du Sgour Ouran et du Cralic, etc.

Mais nous comprenons aussi dans ce district le groupe des pics isolés des lochs Broom, Maree et Torridon, dans leur forme conique aux formidables escarpements dus aux formations torridoniennes.

Pour caractériser en quelques mots le paysage végétal, comme nous l'avons fait sur la carte, disons que les crêtes et les pentes supérieures sont nues, que les flancs très raides portent un gazon mince et clairsemé, que les pentes inférieures et les fonds sont couverts de prairies humiques coupées de bruyères tourbeuses, de marécages à *Myrica Gale*, et de brosses de fougère-aigle ou *Pteris aquilina*, connues dans le pays sous le nom de « *Bracken* ». Çà et là, s'accrochent aux flancs des montagnes des bouquets de pins sylvestres.

Si les pentes furent boisées, ce que l'on peut présumer d'après ce que nous avons dit plus haut, aujourd'hui il n'en est plus rien. Le sol végétal a été lavé depuis longtemps ; les dépôts glaciaires, s'il y en eut, ont été eux-mêmes enlevés et sur la roche nue qui affleure aussi fréquemment que le mince tapis organique, est par-

1. A. GEIKIE. *Scenery of Scotland*, 1901.

4

venu à s'installer un court et maigre gazon de *Festuca ovina*. En conséquence, la distinction entre la zone subalpine et la zone alpine se réduit le plus souvent à l'absence presque totale de couverture dans cette dernière.

Pour varier la monotonie des escarpements, comme dans la vallée du Loch Hourn ou Glen Garry, celle du loch Morar et d'autres, les pins et les bouleaux isolés ou en petits groupes, sans autre valeur marchande, parsèment les flancs au gré d'un ralentissement de pente, au hasard d'une apophyse rocheuse, d'une terrasse. Ailleurs, jusque vers 400 mètres, les « *Bracken* » ou fougères couvrent des surfaces moins raides qui ont retenu, dans sa descente, une mince couche de sol. Cet état de choses s'exagère dans les pics de l'ouest où le « Slioch », le Ben Eay et d'autres ne sont, pour ainsi dire, que de colossaux blocs de roche nue. Il s'améliore pour former d'excellents pâturages de montagnes, comme dans les environs de Glenelg, Kintail, Loch Carron, etc.

Aux faibles altitudes et suivant la pente, alternent, dans les creux, les landes mouilleuses à *Myrica Gale*, lequel a mérité le nom de « myrte des marais » ; sur les dos, les croupes, les mamelons, la fougère aigle, en lutte avec la callune ; dans les cuvettes, croupissent les sphaignes avec *Eriophorum vaginatum*, *Scirpus cœspitosus*, etc.

Grâce aux pâturages, la population pastorale a été de tout temps plus nombreuse ici que dans le nord. Aujourd'hui cependant, à mesure que s'étend le domaine sacré du cerf, se réduit celui de l'homme, d'abord poussé jusqu'au bord de la mer, puis forcé de la traverser. Il n'existe pas de ville proprement dite ; mais chaque fjord possède son village de tête et celui d'embouchure, avec, sur les cônes d'alluvion des torrents, de petits hameaux moitié pêcheurs, moitié pastoraux. Et à mesure que le pauvre de ces pays émigre dans les villes, le riche des villes vient bâtir son pavillon sur les ruines de la *croft*[1].

§ IV. — **District du sud-ouest**.

Descendant encore vers le sud et passant le détroit de Lorne, nous voici dans le dernier district des « West-Highlands ».

1. Hutte.

Climat. — Plus tempéré, plus humide, plus constant encore que dans le district précédent.

Topographie. — Jusqu'au détroit de Mull, le paysage partage la constitution géologique et topographique du précédent avec certaines atténuations d'altitude et de pente. À l'est de la grande fracture calédonienne, il n'est plus possible de synthétiser : toute régularité a disparu. Ce sont les massifs granitiques du Ben Cruachan et du Ben Nevis aux flancs raides et couverts de pâturages inférieurs, aux entonnoirs ou cirques grandioses ; c'est l'immense cuvette tourbeuse de Rannoch, à base de diorite ; le labyrinthe des monts abrupts du Loch Leven et du Loch Treig à quartzite et phyllades ; les plateaux monotones et tourbeux à porphyrite de Lorne, les riantes collines de Cowall et d'Argyll ; les vertes et rapides montagnes du Lomond et de Balquhidder.

Après ce que nous avons dit précédemment, il nous restera peu à ajouter en ce qui concerne les montagnes de la série de Moine. Mentionnons simplement le fait que leur contour s'adoucit à mesure que, vers le Loch Eil, le gneiss se fait de plus en plus gréseux. En même temps la bruyère joue un rôle plus important, tandis que les pentes qui descendent au Loch Shiel portent d'assez bons pâturages.

Les grandes caractéristiques de ce district consistent, avant tout, dans l'abondance des bois feuillus aux altitudes inférieures : forêts anciennes, mais exploitées, et « bois naturels », taillis, perchis ou semis spontanés.

Au total, les prairies sont aussi plus prospères, toutes conditions égales d'ailleurs, et le district produit les meilleurs pâturages du pays. La variété des terrains introduit cependant des différences considérables. Dans l'île de Mull et la presqu'île de Morven, le basalte tertiaire donne de gras pâturages dans un paysage aux lignes larges mais curieusement scalariformes. Le gabbro fournit des précipices et des murailles verticales, gigantesques à Skye et à Rum, moindres mais non moins tourmentés à la pointe d'Ardnamurchan. Avec les schistes hornblendiques de Cowall et d'Argyll, se présente un pays fertile aux profils doux et abaissés. Au contraire, les grands massifs granitiques du Ben Cruachan et du Ben Nevis portent des prairies misérables envahies par les bruyères. L'immense tourbière de Rannoch avec ses mamelons de bruyère est due à la diorite. La porphyrite de Lorne forme une lande montueuse et mouilleuse, stérile et monotone. Dans les micaschistes du Ben Lomond, s'est modelé un massif de hautes montagnes régulières mais raides, aux pâturages excellents. Enfin opposons les grès durs aux arêtes dentelées, aux cassures verticales de Gareloch-Ben Venue avec leurs bruyéres, au paysage très adouci, abaissé, arrondi et bien vert des phyllades du Loch Lomond.'

Grâce à cette variété et aux nombreux territoires fertiles, le district sud-ouest est plus peuplé et moins pauvre. Autrefois, une population relativement nombreuse et prospère habitait les glens aujourd'hui presque déserts.

———

CHAPITRE IV

DOMAINE ORIENTAL — SUBDIVISIONS

D'après les mêmes principes, établissons po ir ce domaine les subdivisions suivantes :

1° District de Caithness ou du nord-est.
2° District de Lairg ou des collines du Loch Shin.
5° District du Ross oriental.
4° District des Monadliath.
5° District des Grampians.

§ I. — District de Caithness.

Climat. — Une précipitation annuelle inférieure à 1000^{mm}, un vent desséchant du nord alternant avec des périodes du sud-est, à peine moins sèches; une oscillation de température assez considérable, une moyenne thermique annuelle de 8°, telles sont les principaux caractères climatiques du Caithness.

Topographie. — Une plaine accidentée au sud-est et à l'ouest, entement ondulée au centre et à l'est, bordée d'un côté par une

ligne de falaises merveilleuses et, au nord-ouest, par les échancrures d'estuaires ; au sud et à l'ouest, s'élevant en collines jusqu'à
des massifs montagneux isolés ; çà et là des hauteurs dépassant le
niveau général. Tel est, rapidement esquissé, l'aspect topographique. Les torrents de l'est burinent des ravins désolés, souvent
profonds et trouent les falaises. Les rivières du nord, plus calmes,
tracent leurs vallées plus larges, plus riantes et régulières jusque
dans des estuaires pittoresques ou *kyles*. Des centaines de nappes
d'eau de toutes dimensions, appartenant à la catégorie dite des
drift-lakes ou lacs laissés par les dépôts glaciaires parsèment la
plaine monotone.

Du Ben Loyal à la rivière Halladale, c'est la série des schistes
du Moine qui sert de substratum. Un large territoire de granite
lui succède à l'est. Le triangle nord-est est composé de la formation du vieux grès rouge inférieur, fertile à qui veut en tirer profit. Le tout est recouvert d'un manteau de débris glaciaires d'origine locale et connu sous le nom de « boulder-clay ».

Des hauteurs du sud-ouest, la contrée paraît une immense
tourbière aux tons fauves et mordorés se perdant au nord-est dans
un pays de culture. Les vallées y tracent de verts sillons méri-
diens. Les mamelons, croupes et bosses piquent des masses de
couleur pourpre en été, noire en hiver.

Dans la vaste lande désolée et balayée par les bourrasques du
nord, les détails de la végétation sont distribués d'une manière
incohérente. En réalité, ils obéissent au caprice de l'argile glaciaire.

D'une façon générale, Caithness répond terme pour terme à la
description de l'Irlande tourbeuse par A. de Lapparent[1]. L'humidité de l'atmosphère, bien qu'inférieure à celle de ce pays, y est
amplement suffisante à la formation de la tourbe. Parmi les infinies nuances de pente et de composition que peut offrir l'argile
glaciaire, il y a place pour des différences de végétation. Ainsi,
sur les talus où le sol est plus fort, ont pu s'installer des prairies
à *Sesleria cœrulea* ou à *Molinia cœrulea*. La callune a pris possession des sols légers à drainage excessif et de la plupart des pentes
infertiles ; *Scirpus cœspitosus* avec *Eriophorum vaginatum*,
Carex pauciflora, *Juncus squarrosus* forment des prairies mouil-

1. Lapparent. *Traité de géologie*, p. 350. Paris. 1900.

leuses. *Eriophorum polystachyon, E. vaginatum, Narthecium ossifragum, Calluna vulgaris, Erica Tetralix, Empetrum nigrum*, etc., composent la population des tourbières plus anciennes. Enfin toutes les variétés de prairies tourbeuses, de prairies à bruyère, de bruyères et de sphaignes se trouvent représentées en abondance.

Vers l'est, le pays est plus sec et en tout cas plus riche et moins mouilleux. Le sol y est souvent d'excellente qualité ; l'agriculture septentrionale peut y prospérer. Aussi, la population est-elle relativement abondante. Au long des côtes, au sommet des falaises, elle est même dense, comme le montre la carte à grande échelle. Les dunes du nord s'étendent en certains endroits jusqu'à deux kilomètres de la côte et contiennent des curiosités floristiques telles que *Hierochloe borealis, Juncus balticus, Primula farinosa, var. scotica*, etc., probablement de provenance scandinave.

L'intense désolation de ce district, où les champs sont enclos de larges dalles de grès plantées en manière de pierres tombales, est encore accentuée par l'absence de végétation arborescente, et dans les rares endroits où elle se montre, par son aspect misérable. L'influence du vent n'est nulle part plus frappante qu'ici.

Les arbres sont courbés vers le sud, buissonnants, unilatéraux, couverts de lichens abondants, hérissés de brindilles mortes, au sommet. Par malheur, on les plante toujours trop clairs ou en petits bouquets. Un forestier compétent transformerait aisément le pays. L'on voit, par exemple, sur la route de Wick à Watten, des bois d'un hectare ou plus. Derrière la bordure protectrice, d'ailleurs assez profonde, les arbres atteignent des dimensions et des formes de plus en plus normales. Cette observation, qu'on peut répéter à toutes les échelles dans le district entier, ne laisse aucun doute sur la possibilité de reboiser avec quelques chances de succès marchand. Mais, ne fût-ce que l'immense avantage climatique qui résulterait de l'établissement de coupe-vents et d'abris forestiers dans toute l'étendue de Caithness fait de ce desideratum presque un devoir impérieux. Moins de vent, plus de pluie, de l'abri pour les récoltes et les prairies, un meilleur état du sol, transformeraient Caithness, disons toute notre pensée, en ce qu'il a peut-être été jadis, avant que les Vikings scandinaves ne vinssent y porter le feu et installer la tourbe. Qu'il y ait eu de nombreuses tentatives de régénération forestière spontanée, c'est ce dont on ne peut douter après l'examen de quelques tourbières contenant, à peu de profondeur, des restes de bouleaux, de sorbiers, de frênes, de coudriers, etc.

§ II. — **District de Lairg ou des basses collines du Loch Shin.**

Climat. — Protégé par les montagnes contre la violence des bourrasques du nord, mais plus ouvert du côté de l'ouest, ce district possède un climat moins sec, moins froid, plus constant que le précédent. Les moyennes n'accusent naturellement pas cette différence.

Topographie. — Des affleurements plus tendres de la série des schistes du Moine ont produit un paysage de basses collines de 400 à 450 mètres, aux pentes aisées, aux croupes larges et allongées du nord-ouest au sud-est, avec un drainage peu accusé. Ce paysage monotone est relevé par une bosse de granite, à l'est de Lairg et une autre au milieu des collines de Bonar Bridge, au fond de l'estuaire de Dornoch. Les vallées sont cependant pittoresques.

En ce qui concerne la végétation, la même monotonie se fait sentir. Il s'agit, en effet, sur les pentes, de prairies de qualité inférieure, le plus souvent mouilleuses. La tourbe s'accuse sur les plateaux tandis que sur le territoire granitique et suivant les variétés de résistance, sur les pentes un peu plus raides ou au sol léger, la bruyère triomphe des graminées. Entre ces trois extrêmes, le paysage présente toutes les variétés.

La végétation arborescente est ici plus fréquente que dans le Caithness. Le pin essaie de reprendre pied dans le pays. Il y prospère à merveille, devient même un élément du paysage dans la vallée de l'Oykell et du Shin. Les plantations commencent à s'étendre et à se multiplier. Le chêne d'ailleurs croît aussi en beaucoup d'endroits et atteint de belles proportions, soit dans la basse vallée du Shin, soit dans les environs de Golspie. La culture remonte très loin dans les vallées du Shin, de l'Oykell, du Carron et dans les collines qui s'étendent du Strath Fleet à l'estuaire de Dornoch. La population est relativement dense dans cette partie de l'est et le long de la côte.

§ III. — **District de l' « Easter Ross »**

Nous comprenons sous ce nom le territoire compris entre le
Ben Wyvis au nord et le Loch Oich (canal calédonien) au sud et
resserré entre le domaine occidental et les pays bas du golfe de
Moray.

Climat. — Ainsi que nous venons de le dire le climat est ici
du type oriental. Les pluies ont été, en majorité, condensées par
les hauts sommets de l'ouest et s'abaissent, en conséquence, en
dessous de 1500 mm., excepté aux fortes altitudes. Protégées à
la fois contre les vents atlantiques et les vents marins du nord-
est, les vallées offrent le climat le plus délicieux de tout le
pays.

Topographie. — Sous l'influence des mêmes formations rocheuses, le paysage n'est que la continuation de ce que nous
avons vu à l'ouest. Les vallées parallèles ou convergentes courent
entre de hautes chaines dont l'altitude décroit doucement vers le
golfe de Moray.

Au total, ces vallées sont bien boisées sur les pentes inférieures
et forment un contraste très plaisant avec la plupart des vallées
de l'ouest. Chênes, bouleaux et pins y fraternisent et imprimer
aux glens tels que les Glens Garry, Moriston, Affrick, Cannich
Strathfarrar, etc., un pittoresque que l'on ne retrouve que dans la
vallée de la Dee. Une grande partie de ces bois est spontanée.

Bien qu'aujourd'hui et dans l'ensemble, le bouleau domine, il
reste une proportion considérable de vieux bois de pins et de
chênes.

Par contre, les pâturages des pentes sont de qualité inférieure.
En raison de l'étendue des bois, le fond des vallées est moins
mouilleux que dans les situations correspondantes, à l'ouest.

§ IV. — **District des Monadliath**

C'est un haut plateau ondulé d'une façon monotone, s'élevant de
la fracture calédonienne, à l'ouest, pour redescendre dans la vallée de la Spey. Assez élevé (750 m.) vers les sources de la Spey, il

s'abaisse lentement au nord-est pour aller s'y perdre dans les plaines de Nairn.

Le *climat* dépourvu du gros de l'humidité par les grands massifs du sud-ouest doit à l'altitude générale et à la grande échancrure calédonienne une précipitation oscillant autour de 1 500 mm., décroissant lentement vers le nord. Les conditions thermiques y sont assez rigoureuses et les vents du nord-est puissants.

Topographie. — Les flancs du plateau sont souvent raides. Les grandes vallées suivent la direction générale du nord-est. Tandis que celle de la Findhorn n'est sur la plus grande partie de son parcours qu'une gorge étroite, celle de la Nairn assez élevée s'épanouit çà et là en terres arables. Une coupure transversale, vestige probable d'un système de drainage disparu[1], court de Carrbridge vers Inverness.

Végétation. — Elle est monotone et au total mouilleuse. Des prairies tourbeuses, des bruyères, des tourbières en composent la masse générale. Les pâturages humiques à *Scirpus cœspitosus* y dominent sur de vastes étendues et donnent le ton au paysage. Ils passent, dans les fonds, à la tourbière à *Eriophorum* sur les talus, à la bruyère et aux prairies de *Nardus stricta*.

D'une façon générale, de l'ouest à l'est et du sud au nord les prairies dégénèrent et les landes de bruyère augmentent. Le passage est très graduel. Mais les types extrêmes sont bien nets. Les pentes du canal calédonien fournissent un manteau verdoyant tandis que les pentes de la vallée de la Spey sont remarquables par la teinte sombre de leurs bruyères.

Les plantations de pin, quoique relativement rares, y sont de bonnes dimensions et s'élèvent, à l'est, jusqu'à 600 mètres. Dans les vallées, s'abritent des bouquets de bouleaux spontanés.

§ V. — District des Grampians

Climat. — A l'exception des pentes élevées, le district reçoit une nappe d'eau annuelle inférieure à 800 mm., et souvent à 700 mm. Une moyenne cependant a ici peu de signification. L'altitude et l'exposition la rendent vaine. Donnons quelques chiffres.

Aviemore (vallée de Spey), altit. 215 m.   753 mm.

1. Sir A. GEIKIE. *Scenery of Scotland*, 1901.

Pitlochry (vallée de la Tay), alt. 150 m.   767 mm.
Brœmar (vallée de la Tay), alt. 340 m.   795 mm.
Nairn (Moray Firth), altit. 20 m.   650 mm.
Keith, altit. 100 m.   755 mm.
Aberdeen,   753 mm.

Les oscillations thermiques sont fortes. L'hiver **est très rigoureux**. La neige persiste longtemps sur le sol. La gelée y est très intense et très fréquente. Les vents y sont modérés, sauf sur les montagnes.

Topographie. — De la topographie, il ne nous reste rien à dire qui n'ait été indiqué dans l'esquisse générale.

C'est une série de vastes plateaux faîtiers dans lesquels sont découpées des vallées larges mais profondes.

La géologie est extrêmement variée. Nous y voyons de grands massifs de granite coupés de territoires de hornblende-schistes, généralement fertiles; des schistes divers, du grès quartzitique, du vieux grès rouge, des gneiss et micaschistes. L'influence biologique de la roche se lit peut-être moins bien que dans l'ouest à cause du manteau glaciaire qui la recouvre. Nous mentionnerons cependant la fertilité de certains micaschistes et du calcaire dans les montagnes du Ben Lawers, ainsi que celle des schistes à hornblende de Huntly et d'Insch. Par contre, la stérilité des grès quartzitiques de Ben-y-Gloe, des montagnes d'Athole et des quartzites du Shichallion est remarquable.

Végétation. — Certaines vallées sont bien boisées et portent d'antiques forêts et des plantations prospères. Telles sont les vallées de la Tay, de la Dee, du Don, et de la Spey.

La plupart des pentes sont sous bruyères, remplacées vers le haut à 600 m., par les prairies à *Vaccinium Myrtillus* et à 1000 m., par les grands plateaux désolés à végétation franchement alpine, rare et sèche.

Un grand nombre de croupes et plateaux à 600 m., et au-dessous, portent un manteau de tourbe dont les franges déchirées débordent sur les pentes supérieures. Les questions de drainage et de sol règlent les détails de la distribution, comme nous le verrons plus loin.

Les Grampians sont bien plus habités que les hautes terres de de l'ouest. L'accès en est aussi plus ouvert; les vallées plus larges.

Nous pouvons les subdiviser en zones : *zone des collines* et *zone des hautes montagnes*. La première comprend les collines jusqu'à 600 m. qui mènent au cœur du massif du côté est et du côté nord.

Chose curieuse, la zone des collines est plus infertile que l'autre et comporte un immense développement de bruyères monotones qui n'attendent que le forestier pour se transformer en un riche pays de pin sylvestre, mélèze, etc.

Le Loch Broom (nord-ouest). — Pentes déboisées et transformées en pâturages.

DEUXIÈME PARTIE

LES ASSOCIATIONS VÉGÉTALES

INTRODUCTION

Après cette esquisse impressionniste des grands aspects de la végétation des hautes terres d'Écosse, nous sommes forcés de conclure que les paysages botaniques s'y résolvent en un nombre, somme toute, restreint d'éléments principaux et constants.

Malgré leurs modalités protéiques et avec les restrictions inhérentes à toute analyse biologique, ces unités sont susceptibles d'être limitées, définies, cataloguées. Ce sont des *associations* végétales.

Nous prenons ce terme dans l'acception générale que lui donne C. Schröter et qu'il traduit par « *Pflanzengesellschaft* » comportant « les individualités de rang le plus inférieur aussi bien que celles de rang le plus compréhensif »[1], et nous acceptons l'excellente définition qu'en a donné Pavillard[2].

« Une association végétale est un groupement spontané, un peuplement naturel où les unités spécifiques, généralement étrangères les unes aux autres, vivent côte à côte, avec le profit exclusif de chacune pour objet, mais où des formes biologiques

---

1. C. Schröter. *Die Vegetation des Bodensees*, II Theil, 1902.
2. Jules Pavillard, *Recherches sur la flore pélagique de l'étang de Thau*, 1905.

très différentes peuvent être juxtaposées et même subordonnées entre elles, suivant la diversité des exigences satisfaites par les conditions du milieu modifié ou non par les organismes concourants. »

Ici, nous devons nous arrêter un moment pour expliquer notre position dans la mêlée des opinions exprimées depuis quelques années au sujet des questions synécologiques. Il ne nous appartient cependant pas et nous éviterons d'entrer dans la discussion théorique, surtout après l'exposé remarquable qu'en ont fait C. Flahault (l. c.) et J. Pavillard (l. c.).

La question des « *unités géographiques* » semble réglée et n'attend peut-être qu'un perfectionnement terminologique. Nous adoptons, en attendant, la nomenclature de Flahault (l. c.) en *régions, domaines, secteurs, districts* et *sous-districts* et en *zones* d'altitude, avec cette réserve que nous n'avons point trouvé d'emploi pour le mot *secteur*. Mais il en va tout autrement des « *unités biologiques* ». Ici une question de principes est en jeu. Pavillard n'admet qu'unité biologique *naturelle*: l'*Einzelbestand* de C. Schröter. D'après lui, les *Unités écologiques* (Warming), les *Unités biologiques* (Flahault) et les *Unités physionomiques* (Schröter) sont des unités abstraites, arbitraires, théoriques. On ne les trouve pas dans la nature. La hiérarchie de ces unités serait alors artificielle. Quoiqu'il en soit, l'observation du paysage végétal écossais nous a révélé une hiérarchie naturelle, concrète et reconnaissable sur le terrain. Qu'un pâturage de montagne montre ici une prairie à *Molinia cærulea*, là une prairie à *Sesleria*, plus loin une prairie à *Scirpus cæspitosus*, plus loin encore une prairie à *Juncus squarrosus* et *Nardus stricta* etc., au gré des conditions différencielles locales, il n'en reste pas moins vrai que cette mosaïque, cet ensemble d' « *Einzel bestände* » juxtaposés passant de l'un à l'autre plus ou moins graduellement, constitue une *unité biologique* homogène, individualisée, concrète. Nous pourrions multiplier les exemples. L'association totale aussi bien que les associations mineures forment des *unités biologiques*, subordonnées entre elles, mais parfaitement naturelles.

Il serait prématuré de notre part, de proposer un système. Notre but est simplement d'apporter de nouveaux matériaux à l'édifice synthétique.

Puisqu'il y a des associations d'ordres différents, des unité biologiques subordonnées, notre devoir était de nous arrêter à des unités de même ordre, comparables et équivalentes, et de tracer sur la carte les limites des aires qu'elles couvraient. C'est en quoi a consisté notre tâche cartographique. Nous croyons avoir trouvé des unités de valeur à la fois *physionomique* et *dynamique* dont parle Pavillard (l. c.)

Il restait à soumettre les terrains cultivés à la cartographie. Dans l'impossibilité de leur appliquer un caractère descriptif de même ordre que précédemment, force nous fut d'attribuer une importance plus grande au caractère dynamique. En ce sens, nous pensons que les conditions de climat et l'état du sol des terres cultivées, pour artificielles qu'elles soient, leur impriment un caractère écologique ou dynamique de même ordre que celui des unités précédentes. C'est ce qui nous a porté à les enregistrer dans l'ensemble.

Notre méthode d'étude est basée sur les principes suivants : On peut considérer une association dans son état actuel, dans le *présent*, et dans son évolution, dans le *temps*.

Ne considérant d'abord que l'état actuel, on peut étudier l'association au point de vue *statique* et au point de vue *dynamique*.

L'étude statique comportera la statique *externe* qui décrit les conditions physiques du milieu soit *géographique* soit *topographique*.

L'étude statique *interne* décrira la physionomie, d'une part et la *systématique* ou floristique, de l'autre. L'analyse dynamique *externe* s'occupera de la réaction au milieu physique, de l'ajustement global aux conditions extérieures.

L'analyse *dynamique interne* recherchera l'ajustement mutuel des éléments composants, l'adaptation interne. Étendant, avec Clements[1], ces études aux successions des associations, à leur évolution, on peut s'inspirer des mêmes points de vue pour établir une division analogue.

1. Clements. *Development and Structure of vegetation*, 1904.

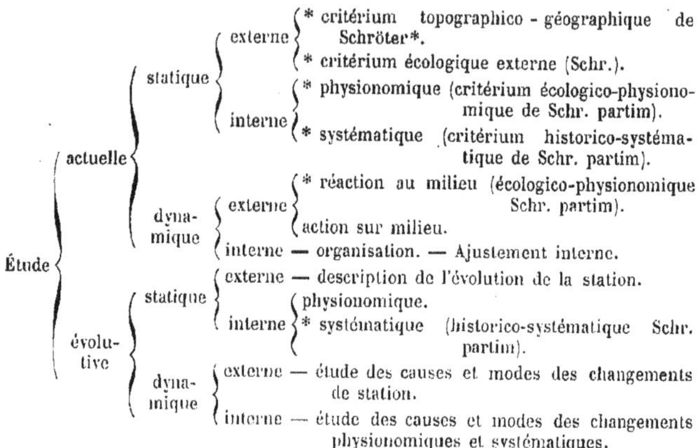

Ce tableau montrera les voies qu'a suivies jusqu'à présent la géographie botanique : nous les marquons d'un astérisque. Mais il indique aussi les voies qui restent ouvertes et désertes. Les observations sur la dynamique interne actuelle des associations, aussi bien que les études évolutives sont extrêmement rares. Disons tout de suite que cette esquisse ajoutera peu aux documents rudimentaires que nous possédons. Le temps nous a fait défaut.

Nous reconnaissons toute la valeur des synthèses suggestives de *Clements*, en Amérique, pour l'étude évolutive et celle des travaux de *Prœger*, en Irlande et du mouvement dit de la *Nature Study*, en Angleterre, dû à l'initiative de Geddes, en ce qui concerne la dynamique interne actuelle des associations.

C'est en se proposant un tel programme que l'on s'aperçoit des lacunes et de l'imperfection des documents. Mais s'il est difficile de le remplir dans une esquisse qui résume le travail de quelques années, il n'en reste pas moins là pour servir de guide dans l'observation méthodique des faits et dans leur exposition logique.

Afin d'ordonner les chapitres qui suivent, nous groupons provisoirement certaines grandes unités, en laissant à l'avenir une classification plus naturelle, qui ne pourrait être ici que prématurée.

Les Forêts

Au dix-huitième siècle, la nudité du paysage de l'Écosse et surtout des hautes-terres avait beaucoup frappé *Samuel Johnson*, le très satirique auteur du Dictionnaire de la langue anglaise. Malgré les modestes progrès réalisés depuis lors, ses remarques caustiques n'ont rien perdu de leur actualité. Mais le spécialiste peut encore renchérir sur le très fameux écrivain, en constatant la pauvreté et la monotonie des forêts. Qu'il nous suffise de donner ici une liste rapide des essences arborescentes et arbustives que le botaniste continental cherche en vain parmi les arbres réellement indigènes :

Arbres.

Tilia parvifolia.	Ulmus campestris.
Tilia grandifolia.	Fagus sylvatica.
Acer pseudo-platanus.	Carpinus betulus.
Acer platanoides.	Populus alba et nigra.
Acer campestris.	Abies pectinata.
Prunus insititia.	Picea excelsa.
Prunus avium (douteux).	Larix europæa.

Arbustes.

Evonymus europæus.	Sambucus racemosa.
Rhamnus catharticus.	Lonicera Caprifolium.
Rhamnus Frangula.	Daphne Mezereum.
Ribes alpinum (douteux).	Salix fragilis.
Cornus sanguinea.	Salix alba.
Cornus mas.	Salix triandra.

L'homme a remédié en partie à cet état de choses en introduisant des espèces exotiques très nombreuses, dont quelques-unes se sont si parfaitement naturalisées, qu'il est impossible, à pre-

mière vue, de les distinguer des espèces indigènes. Citons entre
autres le hêtre, l'érable faux platane, l'ormeau des montagnes,
l'orme champêtre, le peuplier noir et le mélèze. Une enquête
approfondie, d'ailleurs pleine d'intérêt, sur les causes historiques de l'absence d'espèces qui, au surplus, s'accommodent très
bien des conditions que peut leur offrir le pays, s'imposerait ici
et nous la signalons à la Société d'arboriculture d'Ecosse. Serait-ce
un effet des barrières maritimes et montagneuses qui isolent la
contrée? ou simplement que l'homme a devancé les progrès des
migrations naturelles de l'épicéa, du mélèze, du sapin, de l'érable
et du hêtre avec leurs espèces compagnes ? A première vue, il
semble qu'il y ait ici un champ d'observations d'un puissant intérêt, sur les méthodes d'émigration des grandes masses de végétation.

Il est d'ailleurs étonnant que ce problème n'ait fait l'objet
d'aucune recherche, si l'on excepte l'exposé statistique de
Clement Reid[1].

Qu'il s'agisse peut-être d'une simple lacune paléontologique ;
que la lenteur différencielle des migrations non encore achevées
ait été la seule cause du phénomène, c'est ce que tend à montrer,
croyons-nous, la lenteur avec laquelle certaines essences, telles
que le hêtre, l'érable et le mélèze se reproduisent et peut-être à
supplanter certaines espèces indigènes comme le chêne et le pin
sylvestre. De nos observations personnelles, nous avons du moins
tiré une forte présomption qu'il y a, en Ecosse et surtout dans
l'ouest, place pour d'excellentes espèces telles que l'épicea, le
mélèze et le sapin. Ce qui manque, pour la naturalisation à
grande échelle de ces essences, c'est la claire vision des intérêts
du pays.

Nous pouvons étendre ces considérations aux espèces herbacées
et arbustives qui offrent au chercheur des problèmes analogues.
Les travaux purement statistiques de *H. Cottrell Watson* qui ont
suivi de près ceux de *A. de Candolle* et, de nos jours, ceux de
James W. H. Trail peuvent servir de bases excellentes à des
enquêtes de ce genre.

1. Clement Reid. *The Origin of the British Flora*, 1899.

CHAPITRE I

FORETS DE LA ZONE INFÉRIEURE

Nous distinguerons : 1° Les bois de bordure.
2° Les forêts de chênes.

§ I. — **Bois de bordure.**

Synonymie — Auenwälder (Drude, 1902) — *Erlenbrüche* (War-ming, 1896).

Cette association, intimement liée aux alluvions mouilleuses et inondables, accompagne les grands cours d'eau dans leurs plaines inférieures ainsi que les alluvions des têtes de fjords et de lacs.

Aux latitudes de l'Écosse, les conditions locales et l'altitude en limitent beaucoup la distribution. Elle ne dépasse pas 200 mètres.

Notons, parmi les plus remarquables, les bois des marécages de l'Earn, de la Tay, du Forth, du loch Tay, de la Dee, du Loch Broom (au nord-ouest) et du Loch Fyne (au sud-ouest). Ils devaient s'étendre autrefois sur les marécages de tous les grands estuaires.

Ces bois caractérisent un terrain plat, au sol saturé d'eau, en fortes argiles et limons, à l'humus riche, formé en mauvaises conditions (Schlammrohhumus) ou *humus brut de vase* (Wollny). L'atmosphère est d'une humidité constante en raison de l'évaporation. La température est plus uniforme que partout ailleurs. Les brouillards nocturnes et les gelées blanches sont fréquents.

Bois à feuilles caduques, clairs et légers, aux arbres de taille moyenne, à couronne élancée, peu ouverte, au couvert léger. Sous-bois assez dense, d'arbustes à feuilles caduques, au bois tendre. Tapis herbacé riche, à larges feuilles, élevé. Les mousses sont nombreuses. Les épiphytes, mousses et lichens, abondent sur les arbres.

Composition systématique (par ordre d'importance numérique).

Arbres.

Dominants.	Abondants.	Occasionnels.
Alnus glutinosa.	Fraxinus excelsior.	Salix pentandra.
Betula odorata.	Populus tremula.	

Arbustes.

Dominants.	Occasionnels.
Salix capræa.	Rubus fruticosus, vars.
Salix aurita.	plus les arbustes des espèces précédentes.
Salix phylicifolia.	

Espèces herbacées.

Dominantes.	Abondantes.
Nasturtium palustre.	Cardamine pratensis.
Cardamine amara.	Viola palustris.
Spiræa Ulmaria.	Lychnis Flos Cuculi.
Geum rivale.	Vicia cracca.
Comarum palustre.	Parnassia palustris.
Angelica sylvestris.	Chrysosplenium oppositifolium.
Hydrocotyle vulgaris.	Lythrum Salicaria.
Scrophularia nodosa.	Galium uliginosum.
Scrophularia vernalis.	Senecio aquaticus.
Mentha piperita.	Myosotis palustris.
Ajuga reptans.	Scutellaria galericulata.
Orchis spp.	Lysimachia vulgaris.
Juncus lamprocarpus.	Carex pulicaris.
— conglomeratus.	Carex elongata.
Eleocharis palustris.	— remota.
Glyceria fluitans.	Aspidium Filix-mas.
Equisetum sylvaticum.	Aspidium spinulosum vars.
Equisetum hyemale.	

Dans le sol saturé d'eau et privé d'air, les arbres ont souvent un enracinement superficiel, traçant.

Les conifères et les essences à couvert dense ne prospèrent pas.

Peut-être à cause de la dégradation rapide des parties internes sous l'influence de l'envahissement par les lichens et les mousses, la fronde est superficielle et claire ; la ramification moins abondante, moins compliquée. Les feuilles sont petites, minces, tendres, pendantes ou érectes (aune) en tout cas, secouant rapidement leur humidité.

Dans cette formation, leur floraison n'est pas abondante, plus que leur fructification. Le développement est rapide, surtout végétatif. Les arbres ne vivent pas vieux, se propagent bien, comme l'a montré Sernander[1], par boutures naturelles, drageonnement et marcottes; phénomène aidé par une différenciation de tissus relativement plus faible qu'ailleurs et une consistance plus spongieuse.

De plus amples données anatomiques nous font défaut.

Les arbustes partagent beaucoup des caractères des arbres. Ils ont un branchage mince et long et peuvent se passer d'abri. La propagation par semis est plus abondante que dans l'étage supérieur. Bouture et marcottage naturel sont fréquents.

Les espèces herbacées sont luxuriantes; pour la plupart habitantes des marais. Elles possèdent souvent des feuilles larges, délicates, minces ou charnues; des racines fasciculées, des rhizomes ou des stolons. Les plantes d'humus forestier sont absentes. Le type herbacé n'est pas bien développé. La plupart des espèces prospèrent aussi bien dans les marécages dépourvus d'arbres.

Les relations entre les différents étages sont très lâches. Chacun d'eux est, pour ainsi dire, indépendant et constitue des formations autonomes lorsque l'étage supérieur est détruit.

La seule influence des étages supérieurs que nous puissions découvrir est l'obstacle qu'ils opposent aux vents, rendant ainsi l'atmosphère plus calme et plus humide et protégeant le tapis herbacé contre les gelées tardives et précoces. Aussi permettent-ils à cet étage d'acquérir une vigueur et une luxuriance inconnues dans les endroits découverts.

Ainsi qu'on peut le présumer par l'invasion des essences de terrains plus secs, par la disparition des espèces herbacées semi-aquatiques, telles que *Comarum palustre*, *Juncus lamprocarpus*, *Eleocharis palustris*, *Glyceria fluitans*, *Senecio aquaticus*, des mousses humides, etc., l'action de l'association en question est lentement asséchante. Arbres et buissons pompent l'excès d'humidité et préparent le sol pour la forêt de chênes. Le drainage commence en ilots autour des arbres.

Dans le cas des marécages de la Tay et du Forth, le niveau du

1. R. SERNANDER. *Den Skandinaviska Vegetationens Spridnings Biologi.* 1901.

fleuve a baissé de lui-même et le sol a pu se débarrasser de son excès d'eau. Souvent, comme sur l'Earn ou la Spey, les divagations du lit de la rivière ont modifié la station dans le même sens.

Ailleurs encore les manteaux alluviaux jetés par les inondations ont lentement surélevé la plaine comme dans la vallée de la Tay en amont de Perth. En d'autres endroits enfin, comme dans la vallée de la Teith, la rivière a été endiguée. Que le procédé d'évolution soit artificiel ou dû à l'accumulation d'humus avec assèchement par la couverture végétale, le résultat est un drainage plus efficace, avec ses effets habituels sur l'aération du sol, le mode d'humification et l'amélioration de l'état général physique, chimique et biologique. La vie animale et mycologique est dès lors possible.

Les modifications de la station se traduisent, pour nous borner aux exemples tirés des vallées de la Tay et du Forth, par le resserrement du massif et l'épaississement du couvert, l'élévation de l'étage arborescent, la création d'un sous-bois plus dense, l'introduction d'essences à feuilles plus larges, en un mot le passage au type de la futaie de chêne. Dans le domaine systématique, les changements ne sont pas moins frappants. Le frêne et le coudrier se sèment librement, à mesure que le bouleau odorant et l'aune se font rares. Les saules persistent longtemps comme sousbois. Parmi les plantes chassées par la sécheresse et l'ombre se comptent *Nasturtium palustre, Geum rivale, Hydrocotyle vulgaris, Scrophularia nodosa, Mentha piperita, Juncus lamprocarpus* et *conglomeratus, Eleocharis palustris, Equisetum hyemale, Glyceria fluitans, Viola palustris, Lychnis flos cuculi, Galium uliginosum, Senecio aquaticus, Myosotis palustris,* etc. Nous les retrouvons réfugiés çà et là, dans des cuvettes marécageuses formant clairière, frangées de saules et de bouleaux odorants. Dans l'ombre du sous-bois prennent pied les pionniers de l'association du chêne. Cette histoire résulte de la classification en série ordonnée des exemples fournis par les bassins de la Tay, du Forth et de la Clyde. Il s'en faut cependant qu'elle soit générale. En beaucoup d'endroits, l'homme est intervenu. Il a coupé les bois et les a abandonnés à eux-mêmes. Là où l'étage supérieur ne s'est pas régénéré, ce sont les massifs de saules marceaux parsemant des prairies à *Carex* et à *Juncus* (cariçaies de Magnin, cariceta de beaucoup d'auteurs. Ailleurs, il a exploité le sol en prairies. La plupart des petites plaines dites *carses* ont cette origine (vallée de l'Earn et de la Tay; vallée du golfe de Solway).

Le petit diagramme ci-joint résumera cette série de changements possibles :

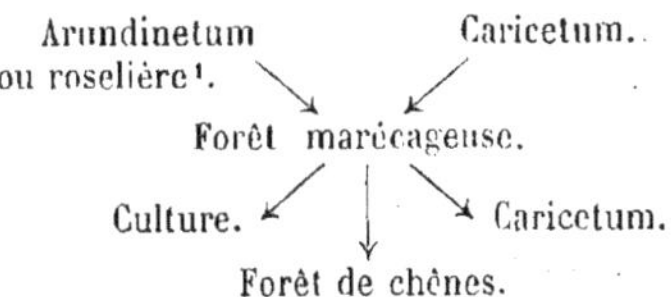

§ II. — Forêts de chênes.

(*Gemischte Laubwälder*, etc. Drude, 1902. — *Eichenwälder-Warming*, 1896.)

Nous avons vu que le chêne était l'arbre de la plaine. Son aire géographique comprend toute l'Écosse jusqu'au delà du 58° lat. nord. Il est possible qu'on le trouve spontané dans les parties les plus abritées de Caithness et de Sutherland. Sa limite altitudinaire moyenne, en forêt, oscille entre 275 et 300 mètres.

« En Écosse, le chêne atteint une altitude supérieure à celle du hêtre, fait qui d'ailleurs s'accorde avec son extension latitudinaire plus septentrionale. Dans les Alpes, au contraire, nous sommes surpris de voir le chêne cesser avant le hêtre. L'explication la plus probable, adoptée par *Christ*, est que les feuilles plus charnues de cette espèce supportent mieux les orages torrentiels qui se produisent dans ces régions. » (*R. Smith, Plant associations of the Tay Basin*, 1898.) Au surplus, l'enquête rapide que nous exposons plus haut complétera ces notions géographiques et historiques. En ce qui concerne l'écologie externe ou l'habitat forestier du chêne, disons simplement qu'en Écosse les conditions de sol et de climat varient dans une large mesure. Depuis les sols forts, frais et profonds des argiles des carses jusqu'aux pentes à couverture mince, sèche et pierreuse, sans distinction apparente de la nature géologique de la roche, interviennent les nombreuses modalités édaphiques dont s'accommode la forêt en question. Les vents froids

1. E. HENRY, in E. WOLLNY. *Décomposition des matières organiques*, 1902.

du nord-est créent cependant tout le long des côtes orientales une zone défendue où l'homme ne peut planter que le frêne, le sorbier des oiseleurs et quelques autres essences plus robustes. Les limites de la précipitation annuelle sont 650 et 2000 millimètres.

Les conditions de pente dépendent étroitement de l'abondance et de la régularité des pluies. Toutes choses égales d'ailleurs, les angles limites du sud-ouest dépassent ceux du nord-est. Il en va de même des limites d'altitude, ce que montrent les cartes topographiques à grande échelle, telles celles du 1 : 10560°.

Le calme et l'humidité atmosphériques peuvent, en partie, remplacer l'humidité tellurique et expliquent la présence de ces forêts sur les talus parfois très raides qui encerclent les lacs de montagnes.

Pour les détails, nous en référons aux ouvrages techniques généraux.

Caractériser la physionomie des futaies spontanées de chêne dans ce pays est œuvre presque impossible, faute de documents. Nous avons cherché en vain la futaie centenaire, sans intervention externe, qui pût nous servir de modèle et révéler les secrets d'adaptation au milieu et d'organisation intérieure.

Qu'il nous suffise de rappeler, d'après les conditions existantes, l'état moins serré du massif, la couronne arrondie, étendue, individualisée, à couvert relativement léger, à larges feuilles; la diversité des essences secondaires, l'abondance du sous-bois (2ᵐ étage), la variété et, toutes choses égales d'ailleurs, la largeur et la minceur des feuilles, la simplification et l'élongation de la ramification, la richesse végétative et florale du tapis herbacé; la quantité de plantes dites d'humus, à réserves (bulbes et rhizomes), à floraison précoce; les épiphytes et les lianes.

Donnons une liste spécifique et synthétique.

Arbres.

DOMINANTS.	ABONDANTS.	OCCASIONNELS.
Quercus pedunculata.	Betula verrucosa.	Alnus glutinosa.
Quercus sessiliflora.	Fraxinus excelsior.	Salix pentandra.
	Ulmus montana (?).	Populus nigra (?).
	Pyrus aucuparia.	Prunus avium (?).
		Prunus padus.
		Populus tremula.

(?) Indigènes.

Arbustes.

DOMINANTS.	ABONDANTS.	ACCIDENTELS.
Corylus Avellana.	Sambucus nigra.	Ilex Aquifolium.
Cratægus oxyacantha.	Prunus spinosa.	Rosa arvensis.
	Juniperus communis.	Salix capræa.
		Salix aurita.

Arbrisseaux.

Rubus idæus.	Sarothamnus scoparius.	Ulex europæus.
Rubus fruticosus.		Solanum Dulcamara (?).

Sous-Arbrisseaux.

Hedera Helix.		Vaccinium Myrtillus.
		Erica cinerea.
		Calluna vulgaris.

Espèces herbacées.

DOMINANTES.	ABONDANTES.	ACCIDENTELLES.
Anemone nemorosa.	Viola sylvatica.	Vicia sylvatica.
Ranunculus Ficaria.	Stellaria nemorum.	Vicia cracca.
Oxalis Acetosella.	Stellaria Holostea.	Vicia sepium.
Sanicula europæa.	Geranium sylvaticum.	Adoxa Moschatellina.
Asperula odorata.	Epilobium montanum.	Cerastium triviale.
Valeriana officinalis.	Circæa lutetiana.	Hypericum pulchrum.
Primula veris (agg.).	Conopodium denudatum.	Lathyrus montanus.
Nepeta Glechoma.	Lysimachia nemorum.	Fragaria vesca.
Mercurialis perennis.		Galium saxatile.

ACCIDENTELLES (*suite*).

Potentilla Fragariastrum.	Lastræa Filix-mas.	Lomaria Spicant.
Potentilla sylvestris.	Dicranum scoparium.	Lastræa Oreopteris.
Scabiosa succisa.	Atrichum undulatum.	Geum urbanum.
Scrophularia nodosa.	Polytrichum commune.	Caucalis Anthriscus.
Melampyrum pratense.	Hypnum cupressiforme.	Lamium Galeobdolon.
Veronica officinalis.	Hypnum purum.	Epipactis latifolia.
Veronica Chamædrys.	Solidago virgaurea.	Paris quadrifolia.
Teucrium Scorodonia.	Melampyrum montanum.	Arum maculatum.
Ajuga reptans.	Luzula erecta.	Milium effusum.
Pteris aquilina.	Carex pilulifera.	Poa nemoralis.
Athyrium Filix-fæmina.	Molinia varia.	Brachypodium gracile.

(?) Indigènes.

Rares.

Vicia Orobus.	Neottia Nidus-avis.	Festuca sylvatica.
Lathyrus niger.	Polygonatum verticilla-	Bromus giganteus.
Campanula latifolia.	tum.	Scolopendrium vulgare.
Veronica montana.	Convallaria majalis.	Equisetum hyemale.
Origanum vulgare.	Gagea fascicularis.	Melampyrum sylvaticum.
Stachys Betonica.	Calamagrostis epigeios.	

Faisons tout de suite cette réserve que si la classification en trois groupes : dominants, abondants et accidentels peut, jusqu'à un certain point, donner une i ée des conditions actuelles, elle n'a pas la prétention de s'appliquer aux proportions relatives qui régnaient avant que l'homme intervint sur une vaste échelle. Aussi bien, pour synthétique qu'elle soit, elle représente surtout un état moyen pris entre 50 et 75 ans. La végétation des coupes et taillis, changeant, pour ainsi dire, d'année en année, mériterait à elle seule une étude spéciale qui ne peut trouver place dans les modestes limites de ce travail.

Les stations où prospère cette forêt permettent aux arbres fondamentaux de développer un enracinement à pivot très puissant, une ramure large et forte, en moyenne du 6ᵉ ou 7ᵉ degré, bien épanouie ; un bois dur et lourd, une grande différenciation des tissus ligneux et mécaniques ; d'abondantes réserves ligneuses et corticales ; une écorce épaisse et rugueuse ; de larges feuilles aux fortes attaches, au groupement dense, peu inclinées sur l'horizon, à la membrure forte, relativement épaisses et coriaces, à la cuticule bien développée. En Écosse, la fructification est maigre. De cet ensemble de caractères résulte une épaisseur de couvert dont nous pouvons nous former une idée par le fait que l'intensité lumineuse à l'intérieur d'un chêne bien développé descend au chiffre de 1/20ᵉ environ[1] (échelle de Wiesner[2]), sous nos latitudes. Le couvert des arbres accessoires le frêne, bouleau, sorbier, etc., est bien plus léger.

De même, l'arbuste caractéristique du sous-bois, *Corylus Avellana*, possède une forte souche pivotante, traçante et drageonnante ; un bois semi-dur, de larges feuilles et un couvert

1. Hesselman. *Zur Kenntniss d. Pflanzenleben schwedischer Laubwiesen*, 1904.

2. Wiesner J. *Photometrische Untersuchungen*, 1893.

d'une intensité lumineuse égale à 1/18ᵉ (Hesselman l. c.). Les autres arbustes sont plus légers.

Parallèlement au chêne et au coudrier et largement indépendants de leur présence, profitant simplement des mêmes conditions de sol, se montrent un grand nombre d'espèces herbacées, de sous-arbrisseaux et arbrisseaux. Tels sont : *Sarothamnus scoparius, Ulex europæus, Solanum Dulcamara, Rubus fruticosus, et idæus, Hedera helix, Vaccinium Myrtillus, Calluna, Pteris aquilina, Lychnis dioïca, Ranunculus repens, etc.*, toutes robustes et capables d'un grand développement et dont quelques-unes sont aussi fixées par des souches puissantes. La quantité d'eau tellurique consommée par cette végétation vigoureuse est énorme, comme on le sait. Nous ne répéterons pas des chiffres aujourd'hui classiques. Les emprunts en matières nutritives ne sont pas moins considérables, ainsi qu'il résulte des nombreuses analyses de végétaux que nous possédons déjà. Nous ne nous étendrons pas davantage sur la réaction de la forêt sur son milieu; car nous n'avons rien à ajouter aux résultats qui sont désormais du domaine classique[1].

C'est dans la forêt de chêne que la *dynamique interne*, l'*organisation des parties* dans le temps et l'espace a été le mieux étudiée. Mais il reste énormément à faire pour mettre au jour les détails de cette harmonie admirable que nous ne faisons qu'entrevoir. Que l'on touche à l'un des étages, que l'on enlève soit le couvert, soit le sous-bois, soit le mort-bois, soit l'humus de couverture, on s'aperçoit immédiatement de l'intime dépendance mutuelle des plantes.

Cette connaissance est d'ailleurs à la base de la science et de l'art du forestier, et occupe une place de plus en plus importante dans ses préoccupations. Il est à regretter que le botaniste ait relativement négligé ces études, qui lui offrent un champ illimité. Pour nous, l'Écosse ne pouvait nous fournir que des études tératologiques. Nous les réservons pour l'avenir.

Toute « station » tend spontanément vers un maximum de végétation présentant un maximum d'organisation et de permanence qu'on peut appeler sa *vocation naturelle*. Ce *potentiel*,

1. Voir surtout l'excellent ouvrage de E. WOLLNY. *La Décomposition des matières organiques*, traduction Henry, 1902.

d'ailleurs, ne ressort pas toujours des conditions physiques actuelles. Il peut s'élever soit par suite d'interventions extérieures naturelles ou artificielles, soit en vertu des actions et des réactions de la dynamique synécologique. En ce sens, la vocation naturelle des pays bas d'Écosse jusqu'à 300 mètres est l'association du chêne. Partout s'y lisent les indices d'une anabolisme symphytique puissant.

Sans vouloir entrer dans les détails de l'évolution systématique, ou de la dynamique des transformations qui mènent au chêne, et au point de vue purement cinétique, le tableau graphique ci-dessous résume nos observations à cet égard :

Procédés d'installation spontanée des bois de chêne :

1°   Roselière ⟶ Jonçaie ⟶ Aunaie ⟶ Chênaie.
                Myriçaie ⟶

2°   Bruyère ⟶ Bouleau ⟶ Pin ⟶ Chêne.
                Bruyère ⟶

3°   Bruyère ⟶ Bouleau ⟶ Chêne.
      Fougeraie ⟶

4°   Prairie ⟶ Ajoncs ⟶ Chêne.
          ⟶ Genêts ⟶

Nous avons donné une esquisse du procédé numéro 1 dans le paragraphe précédent. Au sujet de la série : bouleau-pin-chêne, observons qu'elle a, en outre, une valeur historique et représente, en toute vraisemblance, ici comme en Scandinavie, l'ordre du repeuplement post-glaciaire. C'est encore la succession suivie dans le reboisement de nos jours, où le pin sert d'essence pionnière et protectrice. Elle se développe spontanément dans les grandes forêts de pins de Rothiemurchus et d'Abernethy (Strathspey). Elle est aussi réversible.

La série 3 se montre plus fréquente que la précédente jusqu'à 200 mètres d'altitude et surtout dans les Highlands.

Dans les limites du territoire agricole la série 4 domine.

La *dévolution* de cette association est principalement artificielle. Bien douteux et rares sont les cas de spontanéité. Mentionnons pour mémoire :

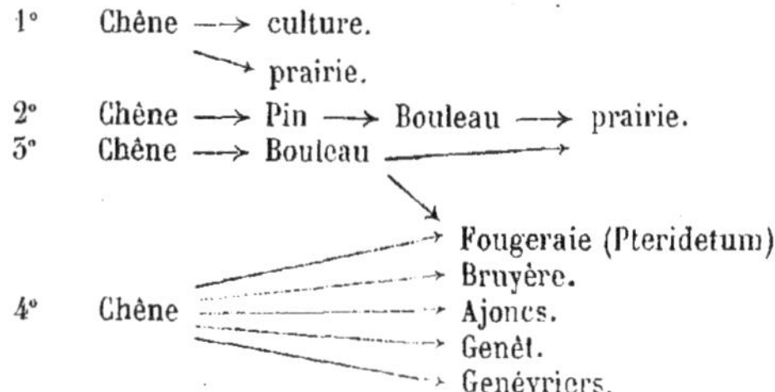

La plupart des séries sont réversibles.

Avant de quitter ce sujet, nous ne pouvons omettre la distinction importante introduite par *W. G. Smith* entre les forêts des plaines et vallées et les forêts des collines ou des altitudes supérieures. Il nomme les unes *Lowland Oakwoods* et les autres *Upland Oakwoods*. Mais sa division s'appliquait surtout au nord de l'Angleterre. Nous lui avons cherché un parallèle en Écosse.

Dans le Perthshire, il y a lieu de tracer une ligne de démarcation entre la forêt de *carse*, proprement dit, avec son sol argileux, frais et profond, et la forêt du *dryfield* ou des collines avoisinantes plus sèches. Les vestiges trouvés dans la tourbe des carses correspondent au *Quercus pedunculata*. Du *Quercus sessiliflora* il y a peu de traces.

Il en est de même pour les couches de forêts ensevelies que l'on trouve à la tête du Loch Linnhe, alternant avec des couches de gravier grossier. Les spécimens subfossiles que nous avons examinés sur place et pris dans les quatre couches successives mises à nu par la rivière Lochy ne nous ont fourni que des feuilles de *Quercus pedunculata*. Il y a donc lieu de se demander si la distinction de W. G. Smith ne correspond point à celle de la forêt de *chêne pédonculé* et de la forêt à *chêne sessiliflore*. Cette présomption est confirmée par les renseignements que donne *Mouillefert* dans son *traité des arbres*. Chose curieuse, le chêne pédonculé semble être plus abondant et plus prolifère dans le Nord de l'Écosse que son congénère dont on ne trouve les glands que très rarement[1]. Il ne paraît pas qu'il s'y trouve même des sessiliflores de spontanéité certaine.

---

1. Communication de M. Robertson, forestier des domaines du Sutherland.

La différence de composition spécifique remarquée dans le Yorkshire est la suivante[1] :

CHÈNES DES VALLÉES	CHÈNES DES COLLINES
Quercus Robur.	Quercus Robur.
Fagus sylvatica.	Betula pubescens.
Fraxinus excelsior.	Pyrus aucuparia.
Acer campestre.	Vaccinium Myrtillus.
Ulex europæus.	Calluna Erica.
Rosa arvensis.	Salix aurita.
Geum urbanum.	Hypericum pulchrum.
Circæa lutetiana.	Lathyrus montanus.
Sanicula europæa.	Potentilla sylvestris.
Caucalis anthriscus.	Galium saxatile.
Lamium galeobdolon.	Solidago Virgaurea.
Epipactis latifolia.	Melampyrum montanum.
Paris quadrifolia.	Luzula erecta.
Arum maculatum.	Carex pilulifera.
Milium effusum.	Molinia varia.
Poa nemoralis.	Lomaria spicant.
Brachypodium gracile.	Lastræa Oreopteris.

§ III. — **Les bois de hêtres**.

Buchenwälder (Warming).

Non plus que le charme (*Carpinus Betulus*) et l'érable sycomore (*Acer Pseudo-Platanus*), le hêtre n'est indigène en Écosse. Aucune découverte paléontologique ne permet jusqu'à présent de penser qu'ils y furent jamais depuis la période glaciaire (*C. Reid*). On trouve cependant aujourd'hui ces deux espèces répandues dans tout le pays. Bien plus, elles s'y reproduisent spontanément avec une vigueur menaçante pour le chêne. Climat et sol paraissent leur convenir parfaitement. Il semble certain qu'il y ait pour eux un grand avenir forestier et qu'en beaucoup d'endroits ils puissent fournir l'utilisation optimale du sol. Par malheur, et du moins en ce qui concerne le hêtre, les forestiers locaux ne leur reconnaissent aucune valeur marchande et leur emploi est, somme toute, purement ornemental.[1]

Dans les limites restreintes où il a été planté plus ou moins

J. W. G. Smith, *Forfar and Fife*, 1905.

pur, le hêtre a réussi à attirer sous son ombre bon nombre d'espèces humicoles, à constituer une association distincte ayant une formation caractéristique.

Elevons d'abord, d'au moins un degré, la limite septentrionale (57°) que lui attribue *Mouillefert*; car nous l'avons observé en pleine prospérité sur la côte nord-est à Bonar Bridge, Skibo, Dornoch, Dunrobin, dans le ravin de Berriedale et à la tête du Loch Broom, à l'ouest. Les spécimens que l'on rencontre tout au nord, dans l'estuaire de Tongue, souffraient énormément du vent. Mais c'est là le sort commun de tous les arbres.

Mouillefert donne 180 mètres comme maximum d'altitude. Nous croyons que cette limite est très rarement atteinte et qu'en pratique ce chiffre doit être abaissé à 150 et même à 140 mètres.

D'après les données que nous possédons et dans les limites posées, le hêtre atteindrait toute sa valeur sylvicole dans les plaines alluviales des « carses » et dans les basses vallées du domaine occidental, surtout dans le district sud-ouest. Il est regrettable qu'on n'en fasse pas un usage plus général, au moins comme sous-bois, dans les nombreuses plantations de pin et de mélèze de la zone inférieure comme dans les bassins de l'Earn et de la Tay.

La physionomie sombre, monotone, columnaire du peuplement plus ou moins pur de hêtre est assez familière pour nous dispenser d'une description générale. Si l'on tente d'édifier une synthèse méthodique des données précises de la dynamique externe et interne de la formation en question, comme l'exige *C. Schrœter* (l. c.), on s'aperçoit, dès l'abord, du vague, de l'incomplet et de la rareté des documents. Ici encore s'ouvre une ligne de recherches physiologiques du plus haut intérêt. Étant donné l'état actuel des objets d'investigation en Ecosse, nous ne pensons pas que cette synthèse puisse être faite dans le pays.

C'est vers le hêtre qu'ont émigré une foule d'espèces délicates, chassées des forêts de chênes par une sylviculture souvent empirique et qui se font très rares ailleurs. *R. Smith*[1] en donne la liste systématique suivante :

Anemone nemorosa.	Viola sylvestris.
Ranunculus Ficaria.	Stellaria nemorum.

[1] R. Smith. *Plant Associations of the Tay Basin*, 1898.

Vicia sepium.
Epilobium montanum.
Circæa lutetiana.
Sanicula europæa.
Conopodium denudatum.
Hedera Helix.
Adoxa Moschatellina.
Lonicera Periclymenum.
Asperula odorata.
Valeriana officinalis.
Primula acaulis.
— veris.
Nepeta Glechoma.
Stachys sylvatica.
Stellaria Holostea.
Geranium sylvaticum.

Oxalis Acetosella.
Vicia sylvatica.
Mercurialis perennis.
Allium ursinum.
Scilla festalis.
Paris quadrifolia.
Luzula vernalis.
— maxima.
Milium effusum.
Dactylis glomerata.
Poa nemoralis.
Bromus giganteus.
Brachypodium gracile.
Athyrium Filix-Fæmina.
Lastræa Filix-mas.

Le domaine de l'évolution et de la dévolution du bois de hêtre nous est fermée, ainsi qu'il ressortira des considérations précédentes.

CHAPITRE II

FORÊTS DE LA ZONE SUBALPINE

§ I. — Les forêts de pins sylvestres.

Pineraie — *Kiefernheide* (Grœbner) — *Kiefernwälder* (Warming) — (*Heiden der Niederung*, etc., Drude, 1902).

Les limites géographiques sont discutées dans la première partie. Quoiqu'il ait été planté sur tous les sols, le pin sylvestre ne constitue d'association propre que sur les sols légers, gravier, lehm, marne légère, argile glaciaire (Boulder clay), caillouteuse, rochers à couverture mince[1]. Il s'accommode de la tourbe drainée, mais dépérit en quelques années sur la tourbe mouilleuse. L'exposition sud lui paraît plus favorable; celle du nord, tout en permettant au pin de vivre, détériore le caractère de la formation.

[1]. Les calcaires sont si rares qu'il est inutile d'en parler.

L'optimum des précipitations annuelles se place entre 600 et 1000 mm. La neige et la gelée semblent avoir peu d'influence. Les vents sont souvent violents. L'humidité relative est basse.

Physionomie. — Nous prendrons pour base une pineraie adulte, d'au moins cent ans. C'est une formation clairiérée, en bouquets, au profil inégal, avec mélange de feuillus peu épais. Le couvert est léger. Le sous-bois, dense par places, manque souvent ; est remplacé par des tapis soit d'ajoncs, soit de bruyères ou d'airelles, soit de fougères aigles. Le côté floral est peu développé. La couverture d'humus est plutôt légère et fréquemment interrompue de manteaux de mousses. L'aspect d'ensemble est xérophile, par l'absence de feuilles larges et bien vertes et l'abondance des sous-arbrisseaux et herbes à croissance lente, à la physionomie ligneuse ou desséchée.

Systématique. — Ne sont mentionnées que les espèces caractéristiques :

Arbres.

DOMINANTS	ABONDANTS	ACCIDENTELS
Pinus sylvestris.	Betula verrucosa.	Fraxinus excelsior.
	Pyrus Aucuparia.	Populus nigra.
		— tremula.

Arbustes.

Betula verrucosa.	Juniperus communis.	Corylus Avellana.
Pyrus Aucuparia.	Ulex europæus (par places).	Prunus spinosa.
	Sarothamnus scoparius (id.)	Salix pentandra.
		— Capræa.
		— aurita.

Arbrisseaux et sous-arbrisseaux.

Vaccinium Myrtillus.	Salix repens.
Calluna vulgaris.	Empetrum nigrum.
Vaccinium Vitis idæa.	

Espèces herbacées.

Galium saxatile.	Viola sylvestris.	Scabiosa Succisa.
Luzula campestris.	Potentilla sylvestris.	Pyrola media.
Agrostis vulgaris.	Pyrola minor.	Euphrasia officinalis.
Deschampsia flexuosa.	Trientalis europæa.	Juncus conglomeratus.
Anthoxanthum odoratum.	Rumex Acetosa.	Equisetum sylvaticum.
Holcus lanatus.	Holcus mollis.	Nardus stricta.
Festuca ovina.	Lastræa Filix-mas.	Lastræa dilatata.
Pteris aquilina.	Lomaria Spicant.	

Mentionnons encore :

Dicranum scoparium.
Polytrichum commune.
Plagiothecium undulatum.

Et comme plantes rares ou très rares :

Trollius europæus.	Vaccinium uliginosum.	Lathræa squamaria.
Cornus suecica.	Pyrola secunda.	Corrallorhiza innata.
Linnæa borealis.	Moneses grandiflora.	Neottia Nidus avis.
		Listera cordata.
		Goodyera repens.

Dynamique externe. — Prenons pour types les forêts de la *vallée de la Dee* et celle de *Rannoch.*

Un terrain pauvre, se, exposé, ne permet qu'un maximum d'intégration métabolique réduit. Le poids total de végétation sera faible. **En raison de la répartition uniforme des ressources, la réduction portera à la fois sur le nombre et le poids des individus.** D'où, un massif lâche. La densité individuelle ne peut s'abaisser au-dessous d'un certain minimum requis pour la résistance aux conditions extérieures : le volume se réduira donc, ce qui se traduira par un minimum de surface compatible avec les exigences de la photosynthèse. En conséquence, la couronne est claire, interrompue, sub-terminale. La ramification maigre (du degré 4-5): les aiguilles trapues. La croissance annuelle est limitée ; les réserves internes abondantes. Dans le sol mince, le pivot disparaît bientôt. Le sous-bois est léger et peu exigeant, à croissance lente, à évaporation réduite, ainsi d'ailleurs que pour le tapis herbacé.

A l'intérieur de la masse végétale, la quantité de substance dépensée en tissus de soutien et de protection, ainsi qu'en réserves nutritives, est très considérable. Toutes choses égales d'ailleurs, les tissus mécaniques sont moins durs, moins cassants, plus élastiques et souples que dans la futaie de chêne et de hêtre.

D'autre part, les individus isolés survivent difficilement aux attaques des vents, à cause de leur enracinement superficiel. Seuls les bouquets de pins offrent une résistance suffisante ; l'ensemencement en masse favorise ces groupements. En un mot, l'aspect de nos quelques forêts spontanées, et l'observation des semis naturels nous portent à croire que, contrairement aux futaies de chêne et de hêtre, les pineraies se forment en bouquets séparés par des clairières plus ou moins étendues. Laissons, pour le moment, les clairières, pour nous occuper de la dynamique interne des groupements.

Grâce à leur couronne étroite et à leur enracinement court, les arbres sont à des distances d'axe à axe variant de 4 à 7 mètres. La lumière sous le couvert est diffuse et uniforme, son intensité est supérieure à 1/10 (Hesselman *l. c.* — méthode de Wiesner) donc à peine moindre que sous le tremble. La température est plus égale, le rayonnement moindre qu'à découvert.

La couverture joue un rôle important dans le choix et la forme des plantes qui l'habitent. Il résulte des recherches d'*Ebermayer*, de *Wollny* et de *Wolff* que le poids annuel du manteau de feuilles est moindre que sous le chêne ; que cette couverture contient deux fois moins de potassium, trois fois moins de calcium et de magnésium, moins de fer, moins d'acide phosphorique et plus d'azote. Elle renferme moins d'eau que celles des feuillus et de l'épicéa. Bien que ces chiffres ne puissent nous fournir qu'un indice grossier de la qualité du sol et de l'humus qui s'y trouve, on peut présumer qu'il s'agit d'un milieu plus pauvre, plus défavorable, et en tous cas, d'une couverture peu hospitalière.

Sont exclues : les espèces d'humus riche et humide ; la plupart des espèces de couvert épais et clos, comme *Convallaria*, *Allium ursinum*, *Geranium sylvaticum*, etc. ; les espèces à floraison précoce, comme la plupart des plantes à bulbes, à tubercules et à rhizomes ; celles dont la floraison dépend d'une forte insolation ; les pérennantes à forte croissance, et la plupart des annuelles.

Le type général n'est point floral, mais végétatif. Dans ce groupe, pourront prospérer les espèces les plus robustes, les moins exigeantes en eau et en principes nutritifs. L'aspect n'en est cependant pas d'une xérophilie prononcée. Ce sont surtout des pérennantes ligneuses, à petites feuilles, à racines superficielles ; ou bien du type graminé ; à propagation principalement végétative ou par petites graines innombrables.

En un mot, nous voyons surtout des bruyères, des airelles, des graminées, des cypéracées et des mousses. Ajoutons-y l'ubiquiste *Pteris aquilina*.

En comparaison avec la lande de bruyères, la formation est

moins xérophile, mais aussi moins florale. Les clairières offrant les mêmes conditions que la lande avec l'avantage d'un abri, présentent un aspect plus prospère et servent de refuge au genévrier, à l'ajonc, au genêt, au framboisier, au saule, etc.

A côté du type moyen des vallées de la Dee et de la Tay, se placent quelques variantes dont il faut faire mention.

En première ligne, vient le bois pionnier, sur sable des dunes fixées (embouchure de la Tay). Les graines des coteaux voisins se sont semées au milieu de la brosse épaisse de bruyères qui les protège contre la dent du lapin. Battue des vents marins, la petite colonie rabougrie et buissonnante chasse cependant la bruyère et crée un îlot herbeux autour d'elle. Au bout du temps voulu, elle se reproduit, s'étend, crée des colonies filles, et donne le type que nous pouvons observer aujourd'hui, le plus sec et le plus pauvre. Les arbres y sont abondamment ramifiés, souvent tordus. Le sable est couvert d'un tapis enchevêtré et continu de *Carex arenaria*.

Du *type rocheux*, il y a peu à dire, quoiqu'il ait servi à élever le pin sylvestre au rang d'institution nationale. Accrochés aux flancs des gorges ou perchés sur des promontoires rocheux inaccessibles à l'homme et à ses animaux, dans des conditions de sécheresse, de pauvreté et d'exposition les plus défavorables, les bouquets de pins ont pris des formes tordues et bizarres dont le pittoresque et l'harmonie incontestable avec les lignes sauvages et les couleurs sévères du paysage n'ont pas échappé au crayon et au pinceau des « Hokusaï » écossais.

A notre point de vue, ils ne constituent cependant pas de formation individualisée. Leur domaine est trop restreint et trop coupé pour qu'ils puissent exercer une influence collective. Citons parmi les plus remarquables, les îlots du Loch Maree, une bosse rocheuse sur le Loch Oich (canal calédonien) et le promontoire qui domine la tête du Loch Shiel (sud-ouest) avec leur tapis herbeux de *Festuca ovina, Aira flexuosa, Agrostis vulgaris, Anthoxanthum, odoratum*, etc.

Type humide. — Des vallées, des pentes basses, des expositions nord.

Nous prendrons pour exemple la forêt centenaire du *Loch Maree*. En contrebas du versant nord du Bein an Eighe, sur grès torridonien couvert d'argile glaciaire, cette forêt porte tous les indices de la spontanéité. En tous cas, elle n'a plus été exploitée depuis un temps considérable. Abritée contre les vents marins, mais recevant une lame d'eau annuelle d'environ 1500 mm., elle est exposée, en outre, à toute l'humidité qui se dégage du lac encaissé. Les pentes, d'ailleurs variables, suffisent à un bon drainage. Nous n'y avons pas découvert d'alios. Quatre générations s'y distinguent. La reproduction est très abondante. Le couvert est plus clairiéré encore que dans le type normal.

Le tremble, le bouleau odorant des marécages, *Salix pentandra*, *Salix Capræa* ont envahi le peuplement. Le sous-bois, bien que clairiéré, est abondant. Mais le trait le plus frappant est l'énorme développement de mousses, surtout *Poly'richum* et *Sphagnum*, au milieu d'une bruyère qui atteint $1^m,50$ de hauteur. Les coussins mousseux se sont accumulés par places jusqu'à 1 mètre et au delà. Les semis y ont développé un long et maigre pivot surmonté d'une tige frêle qui rampe et grimpe dans l'enchevêtrement de la bruyère jusqu'à ce qu'elle ait trouvé une ouverture vers le ciel. Les airelles et les fougères sont également efflanquées. Au point de vue systématique, la composition spécifique est peu modifiée, si l'on excepte les envahisseurs dont nous venons de parler. Les annuelles font défaut.

Bien qu'abondants, les semis ont peu de chance de vie, et nous assistons ici au commencement de la décadence.

Un type analogue de plantation moussue peut s'observer dans la vallée de la Conon, affluent du golfe de Moray (près du domaine de Fairburn). Ici aussi l'exposition est au nord : les pentes sont moyennes. Sous la mousse, le sol est mince.

La forêt de Rothiemurchus montre, en certains endroits, un phénomène semblable. Elle est située en terrain peu accidenté, à faible altitude. L'enlèvement judicieux de la couverture, dans le domaine occidental et dans les vallées, serait avantageux pour la forêt de pin sylvestre.

En ce qui concerne le développement de cette association, bornons-nous à remarquer que dans une brosse de semis naturels, en général, jusqu'à 6-8 ans, les arbustes n'ont pas d'influence synécologique. Ils sont trop maigres et trop espacés. Ils font, en quelque sorte, partie des espèces accessoires au même titre que les genévriers. Jusque-là la vraie nature du peuplement reste celle de la lande d'ajoncs, de genèts ou de bruyères, ou bien des prairies aux herbes grossières *Aira flexuosa*, d'*Aira cæspitosa*, etc.

A partir de cet âge, la lande s'éclaircit entre les arbustes ; la bruyère s'efflanque et meurt. Les mousses *Hylocomium* et *Thuidium* font leur apparition avec *Oxalis Acetosella*, *Viola sylvestris*, etc.

Lorsque le couvert s'éclaircit un peu, le mort-bois se constitue au moyen de ronces, de framboisiers, de graminées, de *Pyrola*, de *Lastrœa Filix-Mas*, etc.

Dans la suite et à mesure que la lumière pénètre dans la formation, la lande avoisinante rentre plus ou moins en possession du terrain.

Les séries constructives qui mènent à la pineraie peuvent se résumer de la façon suivante :

1° Lande de bruyères ——→ Pineraie.
2° Lande d'ajoncs —— → Pineraie.
3° Lande de genèts ——→ Pineraie.
4° Lande de genévriers —— → Pineraie.
5° Landes de bruyères ——————↘
   Landes d'ajoncs et genèts ——→ Bouleau ——→ Pineraie.
   Landes de genévriers ————↗
6° Chênaie ——→ Pineraie (décadence du chêne).

L'alios aux variétés compactes semble, à tout prendre, assez rare dans les Highlands. En jetant un coup d'œil général sur nos notes, **nous voyons** qu'en pratique la seule chose qui sépare la bruyère prospère de la pineraie prospère, est un mur de pierres sèches ! Nous reviendrons d'ailleurs plus loin sur ce sujet.

Les séries dévolutives sont surtout :

1° Pineraie —— → Bouleau ——→ Bruyère.
2° Pineraie —— → Bruyère ou lande d'ajoncs, etc.
3° Pineraie —— → *Betula odorata* — Sphaignes.
   ——— → Sphaignes.

La considération dynamique de ces séries nous amène aux grandes questions du déboisement du nord-ouest de l'Europe qui occupent, à juste titre, une si grande place dans les préoccupations des botanistes allemands. Car si, d'après *Focke*, *Borggreve* et *Krause*, l'énorme extension de la bruyère est due, en majeure partie, à la destruction imprévoyante des forêts de pin sylvestre et autres résineux, d'autres auteurs, comme *P. Græbner*, se basant sur les données fournies par *Ramann* et *Müller*, pensent qu'il s'agit aussi d'un phénomène spontané. Les botanistes et les forestiers écossais ne nous fournissent, à cet égard, aucun élément de discussion. Il n'est cependant pas sans intérêt de résumer ici quelques-unes des observations faites jusqu'ici.

La réaction de la pineraie sur sa station s'opère par l'intermédiaire de l'humus et celui-ci dépend, dans une large mesure, de la couverture.

Rappelons, en outre, que le couvert léger du pin sylvestre favorise la formation de vastes tapis de mousses et permet l'installation des airelles, des bruyères et des graminées. Cela dit, empruntons à *Wollny* (Forschungen 1887 et 1890) et à *E. Ramann* (Zeitschrift für Forst und Jagdwesen. 1898) les données suivantes :

1° La couverture du pin sylvestre est pauvre en matières nutritives ;

2° De même que le tapis de mousses, elle a un taux d'eau relativement faible et évapore une bonne partie de l'eau atmosphérique ;

3° Les herbes détruisent l'humus brut mais dessèchent le sol et nuisent aux semis ;

4° Les mousses augmentent la compacité du sol ;

5° Les airelles et les bruyères favorisent la formation d'humus brut.

Coupe du sol dans la plantation de pin sylvestre de Bonar-Bridge
(ca 58° — altit. 20 m.).

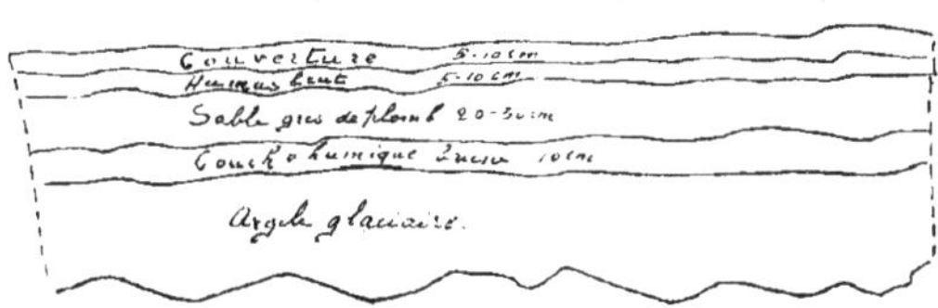

Plantation de 50-75 ans très prospère.

Ces observations n'indiquent point, somme toute, une action heureuse du pin sylvestre. Nous pourrions présumer qu'à la longue il tend à se détruire lui-même par la constitution d'humus brut et d'alios. Il serait pourtant téméraire d'en conclure trop hâtivement. Le sous-étage est, en effet, de toute première importance. Il peut donner à la formation une stabilité et une durée considérables et nous savons, d'après l'exemple des forêts protégées comme celle de Rothiemurchus (Strathspey), qu'il se régénère abondamment. En fut-il ainsi dans le passé, avant le pâturage extensif? Nous pouvons le présumer, mais la question reste ouverte.

§ II. — **Les bois de bouleau** (*Betula alba*).

Birkenwälder (Warming). — *Heiden der Niederung*, etc. Drude, 1902, partim)

Si nous devons en croire les données de la paléontologie posttertiaire, le bouleau fut la première essence forestière qui apparut à la suite de l'époque glacière. Aussi bien, c'est le plus robuste et le moins exigeant des arbres. En Ecosse, il possède une ubiquité remarquable. Mais, puisque nous nous bornons à l'*association* qu'il produit, établissons, dès l'abord, une distinction entre les deux espèces *Betula verrucosa*. Ehrh et *Betula pubescens* Ehrh. = *glutinosa*. Wallr = *odorata*. Bechst. Cette distinction n'est pas, à notre point de vue particulier, seulement d'ordre systématique, mais encore et surtout d'ordre synécologique.

A. *Bois de Betula verrucosa.* — Cette association est beaucoup plus répandue dans le domaine oriental que dans le domaine pluvieux de l'ouest. Dans ce dernier cependant, on la trouve encore dans les stations très xérophiles. Sur les flancs ruinés et escarpés d'un grand nombre de montagnes, elle essaie de prendre pied, lorsque le cerf et le mouton le lui permettent.

La présence d'une formation bien développée de ce bouleau indique généralement un sol mince, pauvre et sec. Comme, d'autre part, c'est, par excellence, la pionnière du reboisement spontané, elle peut occuper temporairement des sols de moyenne et de bonne qualité. La composition géologique du sol lui est de peu d'importance. Nous ne l'avons cependant pas remarquée sur les rares affleurements de calcaire.

Les meilleurs exemples peuvent se voir dans les grandes vallées qui aboutissent au canal calédonien et au golfe de Moray, dans les glens Garry, Morriston, Strath Farrar et Affrick ainsi que dans le massif des Grampians.

A altitude moyenne, et dans son plein épanouissement (forêts de Rothiemurchus et de la vallée de la Dee et stations ci-dessus mentionnées), il s'agit d'une futaie claire bien qu'uniforme, de 20 mètres de hauteur, à couronne terminale arrondie, retombante, aux troncs élancés plus ou moins déformés. Le sous-étage est abondant et mêlé, à couvert léger. Le tapis herbacé est constitué en grande partie de hautes graminées et de fougères, d'aspect plus prospère que sous le pin. Disons tout de suite que ce type est choisi et très rare dans les Highlands où les types pathologiques dominent.

Au point de vue systématique, il diffère peu de l'association du pin.

Citons pour mémoire :

Sous-étage.

DOMINANTS	ABONDANTS	ACCIDENTELS
Betula verrucosa.	Salix pentandra.	Pinus sylvestris.
Pyrus Aucuparia.		

Arbustes.

Juniperus communis.	Salix Capræa.	Corylus Avellana.
	— aurita.	Alnus glutinosa.

Les étages inférieurs se rapprochent assez de ceux de la pineraie pour nous dispenser d'en donner une liste spécifique.

Le couvert du bouleau est moindre encore que celui du pin sylvestre. Mais l'addition du sous-étage offre au tapis herbacé des conditions analogues.

Les données relatives au terreau nous font défaut.

De ce type à développement complet, les variantes diffèrent fondamentalement par l'absence du sous-étage. Nous avons alors :

1° Sur pentes sèches :

    a) Des tapis de *Pteris aquilina, Blechnum, Hypnum squarrosum, triquetrum,* etc.

    b) Tapis de *Vaccinium Vitis Idœa* et *Vacc. Myrtillus.*

2° Sur plates formes :

    a) Calluna vulgaris, Erica Tetralix, etc. :

    b) Myrica Gale (type humide),

Sur les bords des ruisseaux et dans les ravins abrités qui sillonnent les flancs des montagnes, les bouleaux verruqueux forment avec *Alnus glutinosa* et des saules, des fourrés où l'association du chêne peut monter jusqu'à de grandes altitudes.

B. *Bois de Betula pubescens.* — Son aire de distribution couvre tout le pays, mais, en tant qu'association, il est surtout abondant dans l'ouest et le nord. C'est un peuplement de terrains mouilleux et tourbeux, cuvettes des argiles glaciaires, alluvions marécageuses des bords de ruisseaux, paliers mal drainés des pentes. Il se plaît, en particulier, dans les zones humides qui bordent les pieds des montagnes et en arrière des barrages morainiques des vallées. Au fond des cirques ou entonnoirs de tête des torrents, il peut prendre un grand développement. Il est rare qu'on le trouve sur tourbe de quelque épaisseur.

C'est une agglomération plus ou moins lâche d'arbres isolés et indépendants, d'environ 6 mètres de hauteur, trapus, tordus et noueux, souvent à deux ou trois troncs, assis sur de larges souches et, somme toute, de physionomie buissonnante, à la couronne large et surbaissée et d'aunes arbustifs. Le sous-bois fait défaut ou se constitue, par place, de quelques saules des marécages. Les lichens, les mousses et les fougères épiphytes sont abondamment représentées : *Alectoria jubata, Ramalina, Usnea, Parmelias, Hypnum scorpioïdes, Polypodium, Blechnum, Aspleniums*, etc. Le sol est défoncé par les touffes d'*Aira cæspitosa*, de *Juncus conglomeratus*, de *Scirpus cæspitosus*, etc., entre lesquelles s'étendent des épais manteaux de mousses : *Hypnum squarrosum, H. triquetrum, H. scorpioïdes, Dicranum scoparium*, etc.

Le type est moins floral, plus végétatif que le précédent. On y rencontre cependant quelques orchidées. *Hydrocotyle vulgaris, Viola palustris, Carduus palustris L., C. heterophyllus L., Scabiosa succisa*, etc. *Anthoxanthum odoratum, Molinia cærulea*, des *Carex*, enfin et en quelque abondance, *Erica Tetralix*.

Peu de plantes à larges feuilles; point de plantes humicoles, peu de bulbes, rhizomes et tubercules. Aussi bien, peu d'annuelles; point d'espèces rudérales. Dans les endroits moins humides, la fougère aigle trouve à se propager avec vigueur. La propagation et la reproduction trouvent dans l'eau et le vent, qui d'ailleurs n'est jamais bien violent, leur agents principaux.

Ainsi qu'il résulte des considérations précédentes, cette association est purement édaphique, dans le sens que Schimper attribue à ce terme; elle représente la contre partie septentrionale et montagnarde des bois marécageux des plaines alluviales (§ I).

Les séries évolutives du premier type peuvent se résumer dans dans le tableau suivant :

(Régénération)	Pineraie ←—→ Betuletum A.	(Décadence des bois).	
	Chênaie ←—→		
(Dégradation)	Landes d'ajoncs ←—→ Betuletum A.	(Régénération).	
	Genêts ←—→		
(Dégradation)	Landes de bruyères ←—→ Betuletum A.	(Régénération).	
(Dégradation)	Pâturages ←—→ Betuletum A.	(Régénération).	

Les flèches doubles indiquent la réversibilité des procédés.

La colonne de gauche s'applique aux flèches pointant dans cette direction. Il en est de même pour la colonne de droite.

Nous ne possédons pas de documents sur la réaction de cette association sur le milieu.

Les séries correspondantes du type mouilleux sont les suivantes :

1°   Prairie humide à *Carex*
Marécage à *Myrica Gale*
Prairie humide à *Molinia* —→ Betuletum B.
Pr. hum. à *Aira cæspitosa*
2°   Bruyère humide à *Erica Tetralix* —→ Betuletum B.

Les séries dévolutives observées sont :

1°   Betuletum B. ——→ Eriophoretum.
                  ——→ Caricetum.
                  ——→ Sphagnetum.
2°   Betuletum B. ——→ Betuletum A.
3°   Betuletum B. ——→ Pinetum.

Les numéros 2 et 3 proviennent d'un drainage naturel ou artificiel ou d'un dessèchement graduel des cuvettes de pente ou des petites plaines alluviales des cirques ou entonnoirs (massif du Ben Nevis). Moyennant un drainage aisé, ces bois pourraient être pris comme noyaux de repeuplement.

Suivant le précédent de *Drude* et de *Græbner*, nous avons été tentés de réunir les forêts de pins sylvestres et de bouleaux en une même association, en raison des traits communs de leur écologie et de leur échangeabilité. Des raisons de deux ordres nous ont porté à maintenir la distinction. L'association du bouleau a précédé celle du pin dans l'ordre du repeuplement postglaciaire. D'après les botanistes suédois, il existe dans les Fjälls de la Scandinavie, une zone du bouleau (surtout *Betula odorata*) superposée à celle du pin et que *Sernander*[1] nomme zone alpine inférieure. Dans un travail récent, *S. Birger*[2] confirme l'autonomie respective de l'association du bouleau pour la Laponie.

En Écosse, comme dans le Yorkskire et le Westmoreland, le bouleau a été trouvé dans la tourbe à plus grande élévation que le pin; c'est lui qu'on retrouve encore le plus haut dans les Highlands. Les bois légers des deux montagnes les plus septentrionales : Ben Hope et Ben Loyal consistent en bouleaux odorants.

Au surplus, si les deux associations présentent de nombreux points de passage, leurs facies extrêmes sont très différents; leur physionomie, leur *formation* moyenne est bien distincte.

Quant à l'appellation de « bruyères à bouleaux » (Birkenheide) ou simplement « bruyères » (Heide) que donnent *Græbner* et *Drude*, nous pensons qu'elle ne peut s'appliquer qu'aux cas extrêmes des peuplements très jeunes, très vieux ou ruinés, dans lesquels le bouleau n'est qu'un accessoire isolé, sans influence de masse. Attribuée aux peuplements moyens ou bien développés, elle méconnaîtrait les points de vue de la physionomie et de la dynamique synécologique actuelle autant que celui de la dynamique évolutive.

1. R. Sernander. *Sveriges Växtvärld i Nutid och Forntid*, 1900.
2. S. Birger. *Vegetationen och Floran i Pajala* etc., 1904.

Les Prairies

Sous ce titre, nous groupons la série nombreuse d'associations du type graminé, plus ou moins susceptibles d'un traitement commun. L'exposition des considérations générales qui peuvent s'appliquer dans une certaine mesure à toute la série occupera un premier chapitre. L'esquisse des associations individualisées en fournira un deuxième. Enfin, l'importance que prend ici l'évolution des formations justifiera, pensons-nous, le groupement, en une troisième division, des données que nous possédons à ce sujet.

CHAPITRE I

GÉNÉRALITÉS

§ I. — **Distribution.**

De tout temps, les pâturages ont joué un rôle prépondérant dans l'économie de l'Écosse, en général, et des Highlands, en particulier. L'abondance des eaux atmosphériques et telluriques les rendent possibles dans toute l'étendue du pays. Même dans les districts les plus secs, la prairie fait partie de la rotation agricole habituelle. Cependant, malgré l'empirisme qui a longtemps présidé à l'exploitation du milieu et, peut-être, grâce à lui, l'homme a, en dernière analyse, toujours suivi la ligne de moindre résistance. Il n'a pu complètement oblitérer les grandes relations biogéiques que nous nous efforçons à retrouver et à utiliser. Occupons-nous d'abord des grands aspects de la question.

Un coup d'œil général à la carte phyto-géographique permettra de diviser les Highlands en un domaine de prairies et un domaine de bruyères. Écartons tout de suite le facteur humain en disant que, dans l'ensemble, les deux territoires ont été soumis aux mêmes traitements destructeurs : pâturage, incendie et exploitation abusive.

Quels qu'aient été les paysages botaniques originaux, les méthodes de transformation qui ont abouti aux résultats généraux que nous enregistrons par la cartographie ont donc été régies par des agents naturels.

Divisons ceux-ci, en première analyse, en facteurs édaphiques et facteurs climatiques et aidons-nous des cartes géologique et météorologique.

Il est bien vrai que la structure géologique du domaine occidental est, dans l'ensemble, plus monotone qu'à l'est. Mais la diversité des roches suffit, au premier coup d'œil, à écarter la géologie comme base possible du phénomène très général des prairies.

Parmi les facteurs climatiques, les variations d'altitude, identiques à l'est et à l'ouest, ne peuvent entrer ici en ligne de compte. Les différences thermiques sont négligeables. Quant aux vents, leur violence n'est même pas suffisante pour écarter la végétation arborescente dans la plus grande partie de l'Écosse. Par contre, l'étude des diagrammes des pluies permettra de faire coïncider les limites générales des grandes masses de prairies avec celles de l'aire des grandes pluies. Nous avons donc ici la véritable cause du phénomène et la justification de notre division bipartite des Highlands et peut-être du pays tout entier. Comme conclusion de l'étude de la carte des pluies, disons donc que les *prairies de l'ouest des hautes terres d'Écosse sont dues à une précipitation annuelle supérieure à 1500 millimètres.*

Cela posé, nous pouvons pousser l'analyse plus loin et examiner l'influence des facteurs géologiques.

Cette discussion sera compliquée par le double fait que les dépôts glaciaires masquent, dans la plupart des cas, l'influence de la roche et que les associations végétales dont il s'agit ne prennent possession que des couches superficielles du sol. Les sols originaux ont été profondément remaniés et altérés par les glaciers qui couvraient le pays d'un manteau presque continu. Aussi bien, les dernières phases de cette période, avec leurs petits glaciers de

vallées, ont-elles encore ajouté à la complexité de la topographie
et de la composition des terrains. En dépit de ce bouléversement
de la surface, les grands faits phytogéographiques peuvent encore
se dégager, grâce au faible transport, à l'origine locale des argiles
glaciaires[1]. L'échelle minime à laquelle les transports glaciaires
ont eu lieu offre une généralité et une certitude suffisantes pour
que nous puissions en tirer parti. Au surplus, nous devons considérer globalement les divers éléments de l'influence géologique
tels que la configuration du terrain et la composition physique et
chimique. Nos réserves s'appliquaient surtout à ce dernier facteur.
Considérons indistinctement toute l'étendue des Highlands et des
plaines de bordure en maintenant, dans chaque cas, le *ceteris
paribus*.

Les *granites* donnent des prairies de qualité très inférieure ten-
dant vers la bruyère, sur les grands profils des montagnes et vers
la tourbe, dans les plaines. Faisons une exception en faveur du
granite du Ben Loyal, tout au nord de l'Écosse.

Les *porphyrites* de Lorne et des collines de la vallée centrale
sont assez inégales, quoique pauvres dans l'ensemble. Elles sont
susceptibles de grande amélioration, comme le prouve la chaine
des Ochil.

La *diorite* fournit, dans la cuvette de Rannoch, un territoire
tourbeux.

Les roches basiques : basaltes, dolérites, gabbros donnent
d'excellentes prairies.

Parmi les roches crystallophylliennes, règne une inégalité très
grande. Tandis que les *quartzites* se placent tout au bas de
l'échelle de fertilité, la série très variée des micaschistes et des
gneiss offre toutes les nuances possibles, suivant leur degré de
compacité et la composition primitive des roches. Les schistes et
gneiss à hornblende et à amphibole sont très riches.

Les montagnes de schistes, phyllades et ardoises donnent de
bons pâturages, en général.

Partout où affleure le calcaire, les prairies sont de qualité très
supérieure (Ben Lawers, Lismore, Assynt-Durness, etc.).

Le vieux grès rouge — *Old red sandstone* — est, dans l'ensem-

[1]. J. GEIKIE. *The Great Ice Age.* — Sir A. GEIKIE. *Scenery of Scotland.* —
Mc CONNEL. *Agricultural Geology.*

ble, plus favorable à la culture. Au surplus, il serait téméraire de le caractériser d'un mot, tant il varie dans ses propriétés.

Pour les détails, nous en référons à la première partie, en ajoutant que les circonstances locales de pente et d'exposition introduisent des complications sans nombre.

§ II. — **Origine des prairies**.

Cette question ne peut être discutée globalement. Nous devons emprunter aux auteurs allemands la distinction entre les *Wiesen* ou *prairies* proprement dites et les *Weiden* ou *pâturages* proprement dits. Force nous est cependant d'introduire ici une clarté plus grande et de nous écarter de l'acception commune en désignant sous le nom de *prairies naturelles* ou *Wiesen* les tapis herbeux dont la station est défavorable, sinon fatale, à la végétation arborescente, telles que : les prairies marécageuses d'alluvions fluviales non drainées, à *Sesleria* ou à *Molinia*, les *cariceta* et *Arundineta*, etc., tandis que nous nommerons le reste, *pâturages* ou *prairies artificielles* : *Weiden*.

Enfin, nous introduirons une troisième division avec les *herbages alpins*. Cette distinction, pour laquelle nous ne réclamons d'ailleurs qu'une valeur de commodité dans la présente discussion, nous aidera à répondre à la question posée ici.

En ce qui concerne les *herbages alpins*, il n'y a aucune raison de croire qu'ils empruntent à la forêt leurs membres constituants. Ils l'ont, au contraire, précédée dans le repeuplement post-glaciaire et portent tous les indices de l'autonomie.

Quant aux *Weiden* ou *pâturages*, leur origine forestière semble démontrée. Il y a là un paradoxe, puisque la plupart des végétaux composants vivent aussi bien, sinon mieux, en dehors des forêts que sous leur couvert. Du fait, cependant, qu'en dessous de la zone alpine et dans l'ensemble, ces herbages ne s'élèvent nullement au potentiel des terrains qu'ils couvrent, que, laissés à eux-mêmes, ils seront bientôt reboisés, pour peu qu'il y ait, comme c'est le cas presque partout, des porte-graines dans les environs, on peut conclure, en un sens, à leur artificialité. Ce n'est pas une artificialité positive : L'homme n'a pas cherché à acclimater des plantes en dehors de leur habitat. Il a seulement arrêté ou détruit le couvert envahisseur et maintenu cet état de choses.

Que, par sa persistance, il ait dépassé les limites de l'élasticité de la nature, abaissé son potentiel ; qu'il lui faille maintenant aider le terrain, c'est ce qui se voit partout. Ajoutons qu'en Écosse, jusqu'aux limites alpines et dans la très grande majorité des cas, un terrain à *Weiden* est aussi un terrain à bois. Les indices qui trahissent l'incapacité du sol pour la forêt trahissent également la détérioration des pâturages.

Nous n'insisterons pas sur le mécanisme de la transformation de la forêt en pâturage, après l'excellent travail d'*Alphonse Mathey : Le pâturage en forêt*. Bornons-nous à remarquer que, pour la constitution d'un tapis serré et continu, le broutage représente, par l'enlèvement ou l'écrasement des bourgeons terminaux et le développement des bourgeons latéraux, un procédé équivalent à la pratique du jardinier lorsqu'il veut créer une pelouse.

Il n'est pas sans intérêt, au point de vue qui nous occupe, de rappeler la relation qui existe entre le genre de bestiaux et la couverture végétale. C'est un fait bien connu dans le pays que le pâturage intensif des bêtes à cornailles fournit les meilleures pâtures. Là où le mouton est introduit depuis quelque temps, la qualité de l'herbage dégénère et les sous-arbrisseaux apparaissent.

Dès que la ferme aux moutons est vendue pour faire place au cerf, la dégradation devient rapide, et, somme toute, la régénération spontanée de la broussaille a plus de chances.

Passant aux prairies de la première catégorie, ou *Wiesen*, il faut en voir l'origine moins dans les bois que dans les marécages. Ici, cependant, la question ne recevra de solution satisfaisante que par la critique rigoureuse des formes biologiques et des études de détail comme celles de E.-H.-L. Krause[1].

Nous ne pouvons nous empêcher d'exprimer ici, et une fois pour toutes, notre peu de confiance dans les analyses anatomiques spécifiques considérées comme base des études synécologiques. Les indications tirées d'un type spécifique moyen ne sont que grossièrement approximatives. Les expériences classiques de *Bonnier* et *Flahault* (voir la bibliographie) ouvraient une voie qui n'a pas

1. E.-H.-L. Krause, *Beitrag zur Geschichte der Wiesenflora*, etc., 1892.

été suivie. Elles frappent de stérilité toute tentative d'asseoir l'étude des associations sur des listes spécifiques et des formes biologiques moyennes des espèces. Elles montrent que ce qu'il faut, c'est l'étude, association par association, des caractères et de la physiologie externe et interne des membres des formations. Cette remarque s'applique particulièrement à l'Ecosse où, en raison de la pauvreté de la flore, la diagnostique des stations par de simples mentions d'espèces est rendue absolument vaine. Il y a quelque vingt ans, une tentative de ce genre, entreprise par le service géologique, a dû être abandonnée, faute de résultats même approximatifs.

CHAPITRE II

LES ASSOCIATIONS

§ I. — **Prairies de carses**[1].

(Thalwiesen, Drude, 1902)

La distribution de cette association est extrêmement localisée, dans le territoire qui nous occupe. Nous pouvons mettre en doute sa spontanéité. Elle nous paraît être un produit de culture. Dans l'incertitude, nous la mentionnons ici, pour mémoire, dans la vallée de la Tay, à l'embouchure de l'Earn et en quelques points entre Perth et Stanley; dans la vallée de l'Eden (péninsule du Fife); en quelques points des carses de Falkirk et de Stirling (Forth) et du carse de Renfrew; en résumé, près du niveau de la mer.

Elle est liée à un riche limon alluvial, abondamment pourvu d'eau, mais non mouilleux, drainé, mais soumis à des inondations périodiques. Le niveau de la nappe souterraine varie, à l'étiage, de 30 à 50 centimètres sous la surface.

L'aspect est celui d'une plantureuse prairie de fauche, très continue, d'au moins 50 centimètres de hauteur. Indiquons, entre

1. Carse = alluvion d'estuaire.

autres, *Dactylis glomerata*, *Phleum pratense*, *Alopecurus geniculatus*, *A. pratensis*, *Festuca elatior*, *F. arundinacea*, *Cardamine pratensis*, *Geranium pratense*, *Heracleum Sphondylium*, etc.

Toutes ces plantes ont une croissance vigoureuse, des feuilles larges et charnues du type hygrophile. Elles s'élancent toutes vers la lumière, serrées les unes contre les autres, sans pouvoir développer dans toute leur force, leurs touffes radicales. La présence de mousses accompagne aussi celle de *Deschampsia cæspitosa* qui, croyons-nous, est le membre dominant primitif de la prairie naturelle.

Avec de rares touffes de *Juncus lamprocarpus* et de *Juncus communis*, cette espèce est un indice certain de dégradation par oblitération du drainage et mouillure du sol.

Au fond, répétons-le, nous ne croyons ni à sa stabilité spontanée, ni à son origine naturelle. Mais la pauvreté de nos documents nous interdit de trancher la question.

§ II. — **Prairies mouilleuses et des vallées.**

(*Moorwiesen*, Drude, 1902)

Ces prairies se trouvent presque toujours en bordure des fleuves et des rivières, dans leurs basses vallées. Elles sont abondantes partout et nous nous dispenserons de citer des localités particulières.

Leurs conditions écologiques se confondent si étroitement avec celles de l'association précédente qu'il faut y voir, en toute vraisemblance, leur facies spontané. C'est sur les terrasses alluviales, derrière les marécages à roseaux et dans les coins des lacs en voie de comblement, que cette association se développe le mieux.

Le sol y est à peu près saturé; la nappe d'eau souterraine très près de la surface. L'humus s'y forme par putréfaction, à défaut d'air. Pourtant, le substratum est riche en matières nutritives.

La physionomie est irrégulière, comportant : ici, des tapis serrés de *J. lamprocarpus* ; là, des touffes individualisées de *Deschampsia cæspitosa* ; plus loin encore, des prairies à *Molinia* ; enfin, parsemés partout, des bouquets hérissés de *Juncus conglomeratus*.

Entre ces constituants principaux, se voient nombre de plantes à fleurs brillantes, des tapis d'*Hydrocotyle* et de mousses.

Prenons quelques types particuliers que nous pourrions, pour nous conformer à l'usage établi, nommer faciès.

Faciès à Deschampsia cœspitosa. — La station d'*Invershin* (rivière Shin, N. E. 58°). — La terrasse dépasse de quelques centimètres la surface de la rivière à l'étiage. Le sol est mouilleux, noir, à section graisseuse. Les racines des plantes sont tout entières dans ce substratum. La physionomie répond à l'esquisse générale que nous venons de donner.

Composition systématique : principalement :

Deschampsia cœspitosa.	Hydrocotyle vulgaris.
Juncus conglomeratus.	Menyanthes trifoliata.
Juncus lamprocarpus.	Lysimachia thyrsiflora.
Eriophorum polystachyon.	Ranunculus acris.
Mentha aquatica.	Spiræa Ulmaria.
Scrophularia aquatica.	Festuca elatior.
Senecio palustris.	Carex ampullacea.
Caltha palustris.	Carex spp.
Potentilla Comarum.	Amblystegium sp. et autres mous-
Eleocharis palustris.	ses.

A part certaines espèces telles que *Mentha, Scrophularia, Senecio, Hydrocotyle*, etc., la physionomie n'est ni franchement xérophile, ni franchement hygrophile. L'étude anatomique des constituants graminés, cypéracés et joncés, faite par associations, permettrait de caractériser plus nettement les formations similaires. Quant aux données fournies par H. Nilson[1] et autres, elles ne permettent guère de conclusion satisfaisante. La formation présente serait très mélangée. Au demeurant, d'après la taille et la vigueur de la croissance et l'abondance relative des feuilles larges et minces, caractères externes qu'on ne peut négliger, on est fondé à croire qu'il s'agit d'une formation hygrophile.

Faciès à Juncus lamprocarpus. — Empruntons un exemple au Loch Oich (canal calédonien), où, par suite des travaux de construction du canal, certaines parties au sud-est ont été réduites à l'état d'anses en voie de colmatage. Il s'agit de conditions édaphiques à peu près identiques aux précédentes, mais où se déve-

1. NILSON, HERMAN. *Biologie der schwedischen Sumpfpflanzen.* 1894.

loppe une prairie à longs chaumes, plus claire que dans le facies décrit, mais aussi plus homogène, où se voient : *Equisetum limosum, Juncus lamprocarpus, Spiræa Ulmaria, Iris Pseudo-Acorus, Potentilla Comarum, Menyanthes trifoliata* avec quelques touffes de *Juncus effusus*. La physionomie est plus nettement hygrophile dans l'ensemble.

Un exemple très analogue se remarque à la tête du Loch Shiel (S.-W.). Donnons, pour mémoire, la composition spécifique suivante :

Juncus effusus.	Deschampsia cæspitosa.
Carex stellulata et autres.	Potentilla Tormentilla.
Molinia cærulea.	Ranunculus Flammula.
Eriophorum angustifolium.	Ranunculus Lingua.
Galium uliginosum.	Scabiosa Succisa.
Senecio palustris.	Angelica sylvestris.
Viola palustris.	

Ici encore il s'agit, sans conteste, d'une formation hygrophyle. Sur ce point, la délicatesse, la minceur, la largeur des feuilles, la fragilité des tiges, la forme de l'enracinement, l'absence, dans l'ensemble, de tissus protecteurs, mécaniques et ligneux, en un mot le développement de la surface et du volume par rapport à la masse, paraissent des indices positifs.

Facies à Molinia, en terrain argileux, imperméable, froid, avec couche d'humus acide et presque saturé. Les plantes sont vigoureuses et bien serrées. (Tête du Loch Linnhe-Corpach Moss-S.-W.).

Molinia cærulea.	Agrostis vulgaris.	Juncus conglomeratus.
Scirpus cæspitosus.	Festuca elatior.	J. articulatus (?)
Carex dioïca.	Deschampsia cæspitosa.	J. bufonius.
C. panicea.		

Ce facies correspond aux *Sesleria-Wiesen* de certains auteurs suédois [1].

De cette courte revue, nous conclurons que ces prairies mouil-

---

[1]. La rareté relative de *Sesleria* dans les Highlands d'Écosse et son incapacité à constituer des formations est un phénomène intéressant et, jusqu'à présent, inexpliqué. Une des particularités de sa distribution est son abondance dans l'extrême nord-ouest.

leuses sont bien d'économie hydrophyle, malgré le mélange d'espèces dont le type moyen peut être xérophile.

§ III. — **Marécages infra-aquatiques** (*Lesquereux*).

Schilf-und Röhricht Bestände, Drude, 1902). (*Röhr Sümpfe*).

Cette association est répandue dans toute l'Ecosse, sans distinction de latitude, mais toujours à des niveaux qui ne dépassent guère 200 mètres et dans le fond des vallées et les plaines. Elle accompagne le plus souvent l'association précédente sous forme de bande plus extérieure. On la remarque surtout dans les dépôts d'estuaires (carses). Le substratum est un humus riche et noir, moins tassé et, probablement, plus aéré que le précédent. Il est submergé, toute l'année, à une profondeur variant de quelques centimètres à 40 centimètres environ. Les propriétés de la tourbe infra-aquatique ont été récemment bien résumées par *Wollny*. Nous n'insisterons pas.

Les marécages de cette catégorie consistent en peuplements plus ou moins serrés de plantes à demi-submergées, à développement puissant, à aspect de roseaux ; tiges longues et minces, feuilles souvent rubannées, traînant dans l'eau ; rhizomes ; faibles radicules, nombreuses et fasciculées. Pas de forme ligneuse ; pas de forme ramifiée ; point de larges feuilles. Les tissus sont fragiles, gonflés d'air, peu différenciés, dans l'ensemble. Les tissus de soutien très élastiques.

En résumé, le type général est végétatif, hydrophile. Les types joncés, cypéracés, graminés, etc., portent une empreinte commune, possèdent une économie interne et externe hydrophile.

Distinguons :

a) *Le facies à roseaux*. — Une première zone de :

Phragmites communis.	Glyceria aquatica.
Equisetum limosum.	Catabrosa aquatica (Tay).
Glyceria fluitans.	

à l'abri de laquelle se voient *Typha latifolia, Sparganium ramosum, S. Simplex* et *S. minimum*.

C'est le peuplement le plus vigoureux et le plus serré correspondant aussi aux eaux et au limon les plus riches. (Tay, etc.).

b) Le facies à Scirpus plus maigre, plus clair, aussi plus commun dans les Highlands, correspond aux apports plus pauvres des rivières de montagnes, très fréquents dans les lacs innombrables de l'extrême nord-ouest.

Peuplement clair de *Scirpus lacustris* suivi d'une zone d'*Equisetum limosum*, entre les tiges desquels flottent *Potamogeton natans* et *Glyceria fluitans*, avec *Potamogeton pectinatus* et *Myriophyllum*. Plus près du rivage, s'observent *Comarum palustre, Menyanthes trifoliata* avec *Scrophularia*.

Cette association passe généralement à la précédente. Elle peut cependant tourner à la tourbière à Myrica.

§ IV. — **Pelouses des collines et montagnes de basalte**.

Cette association appartient, à proprement parler, aux collines des terres basses. Les plaines ondulées de la péninsule du Fife, ainsi que les rivages du Forth et la grande dépression centrale, sont semées de vestiges de volcans, formant des collines généralement escarpées. Ces éminences basaltiques constituent d'excellent sol, le plus souvent sous pâturage. Aussi les pelouses très belles qui les couvrent sont-elles toutes d'origine artificielle. Dans cette partie du pays, le sol est un lehm d'un brun chaud et à grain très fin[1]. Le niveau de la nappe souterraine est bas. Le sol a une grande tendance au tassement et à la sécheresse. L'humus est riche et bien formé.

Le peuplement consiste en un gazon dru et ras qui cache entièrement le sol. En été, l'herbe devient sèche et glissante. Les mousses sont absentes. Sur les pentes des collines orientales, la croissance en longueur est très limitée. Les plantes s'accroissent surtout par le développement de nombreux bourgeons latéraux, trapus. L'enracinement est abondant, fibreux, ramifié. Les feuilles sont petites, mais nombreuses. Les tissus sont denses, mais non fibreux, non ligneux.

1. Mc Connel, *l. c.*

Nous empruntons à W.-G. Smith[1] la liste systématique suivante :

Deschampsia flexuosa.
Festuca ovina.
Agrostis vulgaris.
Anthoxanthum odoratum.
Viola riviniana.
V. lutea.
Oxalis Acetosella.
Helianthemum Chamæcistus.
Geranium sanguineum.
Trifolium pratense.
Anthyllis Vulneraria.
Rosa spinosissima.

Potentilla sylvestris.
Galium verum
G. saxatile.
Campanula rotundifolia.
Veronica Chamædrys.
Rumex Acetosa.
Blechnum Spicant.
Pimpinella saxifraga.
Scabiosa succisa.
Veronica officinalis.
Thymus Serpyllum.
Teucrium Scorodonia.

auxquelles nous ajouterons *Achillea Millefolium*.

Si le pâturage cesse pendant quelques années, le sol se peuple rapidement d'ajoncs (*Ulex*), de genêts (*Sarothammus*), de *Rosa spinosissima*, etc.

Le fertile basalte imprime aux îles de Skye et de Mull et à quelques autres des Hébrides intérieures, un caractère de richesse qui frappa le géologue Jamieson. Risler[2] cite le passage suivant : « Les collines basaltiques de Skye et des autres îles de l'ouest de l'Écosse sont couvertes, jusque sur les escarpements les plus abrupts, d'herbages d'un vert admirable. Certes, il faut tenir compte du climat : les habitants disent qu'il pleut trois jours sur quatre. L'irrigation est constante. Mais on n'en est pas moins frappé du contraste qu'offrent ces basaltes couverts d'un manteau de verdure avec les granites du massif central et leurs landes de bruyères. On ne peut l'expliquer que par la différence de composition chimique. » Nous avons vu plus haut que cette explication est partielle. La différence de climat donne aux pâturages de Skye une richesse et une vigueur de croissance qui manquent sous le climat plus sec de l'est. Les plantes sont plus hautes, plus succulentes, plus hydrophiles, moins buissonnantes ou ramifiées et aussi plus riches en eau. Les feuilles sont moins nombreuses, plus longues et larges, plus tendres. L'humus est plus riche et plus humide.

1. W.-G. Smith. Botanical Survey of Scotland. — *Forfar and Fife*, 1905.
2. Risler. *Géologie agricole* et Jamieson. *R. A. S. E. Journal*, 1856.

§ V. — **Pâturages de montagnes.**

(Weiden (Warming). — *Kurzhalmige Bergwiesen* [Drude, 1902])

Ce sont, pour la plupart, des formations artificielles, comme nous l'avons remarqué plus haut. Exception soit faite en faveur des montagnes des districts du Sutherland occidental et de Caithness et des versants nord et ouest des Hébrides du nord-ouest, où la violence des vents desséchants peut offrir un obstacle sérieux à l'extension de la végétation arborescente. Mais c'est là une question en suspens. Schimper[1] a montré que les prairies mésophytiques étaient intimement liées à l'abondance de l'humidité atmosphérique. Cette relation se confirme dans les Highlands par l'extension tant en altitude qu'en longitude. Les apports de pluie sont plus réguliers et abondants dans l'ouest et aux fortes altitudes. Aussi bien, y a-t-il lieu d'attacher une grande valeur écologique aux brouillards plus ou moins épais qui planent constamment sur les montagnes, même au cœur de l'été. Une étude statistique de ces nuages, montrerait, nous n'en doutons pas, un accroissement en fréquence et en épaisseur avec l'altitude et la proximité de l'Atlantique. Dans l'état actuel des recherches, nous ne pouvons présenter ce fait que comme résultat d'une observation traditionnelle bien connue des habitants, des touristes et des artistes et, d'ailleurs, incontestable.

L'humidité relative possède, en toute vraisemblance, une distribution parallèle et nous pensons que, seule, elle a une influence positive sur la végétation. Au sommet du Ben Nevis, la plus haute montagne de l'Écosse (1 345 mètres), elle oscille autour de 94 pour 100 et ne s'abaisse guère en dessous de 90 pour 100.

En vue de l'importance qu'a prise aujourd'hui en météorologie la loi de diminution de l'humidité relative avec l'accroissement de l'altitude, nous ne pouvons omettre de faire observer que, dans ce pays, l'échelle altitudinaire doit prendre pour unité de mesure, non le kilomètre, mais l'hectomètre. Nos sommets les plus élevés se trouvent encore dans la zone de plus grande condensation atmosphérique (Ben Nevis, 3500 mm.). Les observations faites en France, en Allemagne et aux États-Unis, aux grandes altitudes,

1. Schimper, A. W., *Pflanzengeographie.*

ne trouvent donc pas ici leur application. Au contraire et en résumé, condensation, brouillards et humidité relative augmentent parallèlement à la hauteur au-dessus du niveau de la mer.

Cela posé, et toutes choses égales d'ailleurs, la pente vient en seconde ligne comme facteur déterminant de la distribution des pâturages de montagne. C'est elle qui régit le drainage, et l'humidité tellurique.

Il est pour ainsi dire impossible de donner un chiffre moyen d'inclinaison. En chaque cas particulier, il faut le corriger par des coefficients dont les plus importants sont la nature du sol et du sous-sol, la précipitation locale, le niveau de la nappe souterraine, l'exposition, le vent, l'évolution antérieure du tapis végétal. Aussi est-ce avec toutes ces réserves que nous nous hasarderons à préciser, d'après un certain nombre de mesures prises sur le terrain et sur la carte à grande échelle. Il en résulte que les angles optimaux d'inclinaison sont compris entre 20° et 30°. En dessous de 15°, le terrain est chaudement contesté par les bons pâturages et les prairies mouilleuses. Sous 10°, les bonnes pâtures ne sont pour ainsi dire plus que locales ou artificielles; elles se détériorent rapidement. Au-dessus de 30° et exception faite des districts les plus pluvieux, le sol est trop sec et aussi trop vite mis à nu et lavé. Sous le manteau herbacé, le sol est fibreux, à la surface, à grain fin et de couleur sombre, plus bas.

Il s'agglutine facilement en temps de pluies et se pulvérise par la sécheresse. L'humus est brut, ce qui est dû à l'absence d'air. L'alios (moorpan) est rare. Voici quelques sections de sols :

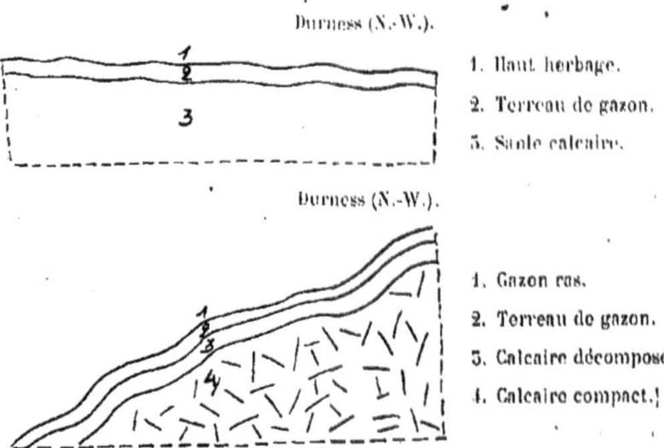

Coniveall (Assynf (N.-W.).

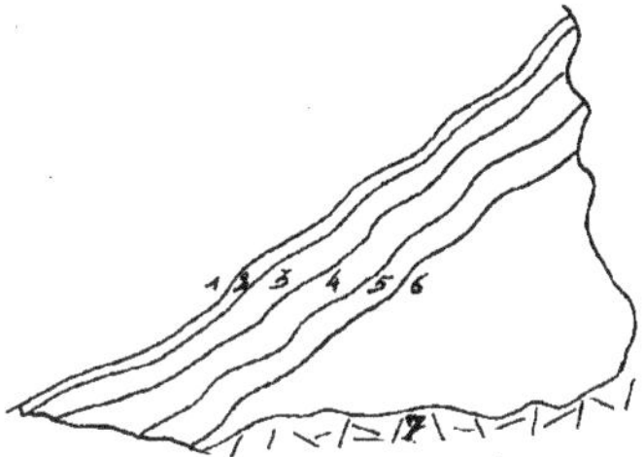

1. Pàture abroutie.

2. Terreaux fibreux, 5 cent.

4. Sable jaune, 20 cent.

5. Sable compact gréseux brun-jaune, 15 cent.

6. Marne calcaire.

7. Calcaire compact.

Ben Loyal (N.).

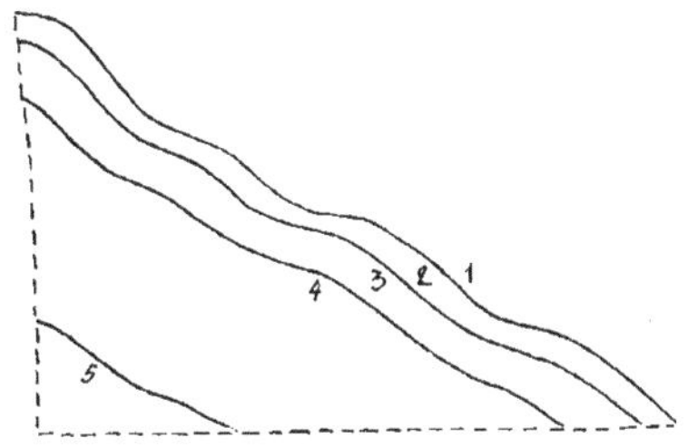

1. Haut herbage.

2. Terreau herbeux épais.

3. Couche humique brun sombre.

4. Argile glaciaire.

5. Granit.

La *physionomie* de cette formation est bien connue. Le tapis est serré et continu, peu floral. Le type de graminées domine. Point de feuilles larges. Petites touffes denses à chaumes de 25 à 50 centimètres, parfois plus; à feuilles longues, étroites, minces, à feutrage de radicules fibreuses. La croissance est relativement abondante, ainsi que la fructification. La répartition de la surface assimilatrice et évaporante comme d'ailleurs de la surface absorbante en une multitude d'organes paraît douer les plantes d'une puissance d'adaptation et de résistance considérable et leur donner un avantage sur les plantes à large surface continue ou à organes massifs. C'est là une forme d'économie biologique qui mérite d'être mieux étudiée. On conçoit difficilement qu'aucun type herbacé puisse tirer d'une même somme de ressources extérieures une masse vivante plus considérable, plus résistante, plus souple, et plus capable de propagation.

Les conditions générales de la biologie des prairies sont du domaine classique. Mais l'étude expérimentale des mille et un détails de leur économie est encore à faire, de même que la synthèse des variantes de cette association. Donnons enfin la composition spécifique d'un bon pâturage sur gneiss lewisien avec manteau d'argile glaciaire (Ben Spionu N. W.).

Anthoxanthum odoratum.	Potentilla Tormentilla.
Deschampsia flexuosa.	Juncus squarrosus (passim).
Agrostis sp.	Scabiosa succisa.
Molinia cærulea.	Carex sp. (passim).
Sesleria cærulea.	Pedicularis sylvatica (passim).
Nardus stricta.	Polygala vulgaris.
Luzula campestris.	Ranunculus repens.
Galium saxatile.	Trifolium repens.
Saxifraga aizoïdes.	Lotus corniculatus.

§ VI. — **Pâturages mouilleux des montagnes**.

Moorwiesen (Drude, 1902).

Répandus dans tout le pays, plus abondants dans l'ouest. Formations des pentes inférieures, des basses collines à profil surbaissé. La plus grande extension s'en remarque dans le district du Loch Shin (Sutherland), où les schistes de la série de Moine sont plus tendres.,

Leur station correspond aussi en général à l'aire de plus grande épaisseur et abondance de l'argile glaciaire (Boulder-Clay). Les caractères de cette station sont une pente plus faible que dans l'association précédente et variant de 15° à 0°; un sol plus froid, moins drainé; un humus épais, brut, à tendance tourbeuse, fibreux, de couleur sombre, soumis à des alternatives de pulvérulence (juin) et d'agglutination (janvier), de contraction et de gonflement, assez élastique sous le pied, apparent entre les plantes. La formation est plus ouverte, plus irrégulière que la précédente. Elle s'analyse en touffes ou coussinets bombés et denses, aux tiges et feuilles innombrables, courtes (15 à 20 cm.), dressées, engainées, jonciformes, fibreuses, élastiques, extrêmement résistantes; à teinte glauque dans la jeunesse, roussâtre pendant le reste de l'année. L'enracinement est fasciculé, ramifié et feutré; mais plus traçant, plus épais, plus élastique et fibreux que celui des Graminées de la formation précédente. Les touffes de Joncs et Carex dominent çà et là. A part les *Narthecium, Orchis, Parnasia* et *Tofieldia* qui abondent par places, l'aspect n'est point floral.

Il est clair que les oscillations de volume de l'humus excluent la plupart des Graminées et autres plantes qui n'offriraient point une grande élasticité et une grande résistance au déchaussement. Les annuelles sont peu nombreuses, fait qu'il est plausible d'attribuer à l'état de sécheresse du sol, à l'époque favorable à la germination. Moins encore que plus haut, les espèces à large surface foliaire peuvent trouver place ici. Exception soit faite en faveur du *Parnassia* et autres espèces mentionnées comme *Scabiosa, Orchis maculata, Narthecium, Tofieldia.*

Quelques buissons se mêlent fréquemment au tapis herbacé et, en beaucoup d'endroits, conquièrent le terrain. Tels sont : *Myrica Gale* et *Erica Tetralix.* Le parfum délicat de l'un et les couleurs de l'autre relèvent un paysage autrement monotone et désolé.

Les deux éléments prépondérants sont : *Scirpus cœspitosus* et *Eriophorum vaginatum.* On sait qu'au printemps, ils se développent très tôt et fournissent aux bestiaux un aliment vert, souvent très précieux. Mais bientôt ils prennent tous deux une teinte brunâtre, indice de leur décadence nutritive.

Mentionnons la liste spécifique des principaux associés.

Scirpus cæspitosus.	Pedicularis palustris.
Eriophorum vaginatum.	Orchis maculata.
Carex pauciflora (forme dense).	Narthecium ossifragum.
— stellulata. Good.	Tofieldia palustris.
— canescens.	Parnassia palustris.
— Goodenowii.	Scabiosa Succisa.
Juncus squarrosus.	Polygala vulgaris.
Nardus stricta.	Erica Tetralix.
Deschampsia cœpitosa.	Myrica Gale.
Anthoxanthum odoratum, passim.	Salix lapponum.
Molinia cærulea.	— repens, etc.

En dernière analyse, la formation est xérophile, malgré l'abondance ou même l'excès d'eau dans le sol, pendant la plus grande partie de l'année. A quoi faut-il attribuer ce paradoxe? Il y a d'abord l'explication désormais classique de *A.-W. Schimper* (densité supérieure du milieu), confirmée d'ailleurs par l'observation de *Wollny* que, dans un sol tourbeux, pour être utilisable par les plantes, l'eau doit se rapprocher beaucoup du point de saturation. Au surplus, la consistance faible de l'humus et les oscillations de volume, avec périodes de dessiccation complète semblent des raisons plausibles, sinon suffisantes, de la xérophilie de cette formation.

§ VII. — **Landes herbeuses.**

Subalpine Bergheide und Borst grassmatte (Drude, 1902). — *Nardus-Matten* (Stebler et Schröter) — *Upper Hill Pastures ou dry grass heath* (W.-G. Smith, 1905).

Les conditions écologiques de cette association sont franchement xérophytiques et son extension est considérable. On la retrouve dans les montagnes du nord de l'Angleterre (*W.-G. Smith, Moss, Rankin, Lewis*), ainsi que dans l'extrême nord de l'Écosse. Elle est plus fréquente et mieux caractérisée dans le domaine oriental.

C'est un peuplement de terrains secs, minces et pauvres, que cette sécheresse provienne, d'ailleurs, de la pente ou de la nature du sol. Une de ses situations favorites est la zone qui domine immédiatement les grandes masses de bruyère (*W.-G. Smith*, etc.) entre 400 et 760 m. Une autre consiste dans les plateaux secs, trop bien drainés des sommets inférieurs à 800 m. Mais la formation peut se constituer aussi à des niveaux bien inférieurs, comme le montre *W.-G. Smith* pour le comté de Fife. Les arènes granitiques, les rocailles porphyritiques, les cailloutis des grès métamorphiques et des quartzites, les variétés sableuses ou graveleuses de l'argile glaciaire et autres dépôts morainiques lui offrent des substratums excellents. L'humus est mince et pauvre.

La formation est rase et ouverte, parfois clairsemée, parfois aussi plus dense. Elle se reconnaît aisément de loin par la blancheur du *Nardus* et l'orangé de *Juncus squarrosus*, ses éléments principaux. La végétation se décompose en bruyères et airelles

piquant un tapis de graminées xérophiles. La croissance est
réduite. Les Graminées offrent des touffes denses et hérissées de
tiges et de feuilles aciculaires, courtes, étroites, enroulées, engainées. Le sol affleure partout. Mousses et lichens secs abondent.

En voici une liste écourtée :

Nardus stricta.	Agrostis cannia.
Juncus squarrosus.	Festuca ovina.
Deschampsia flexuosa.	Anthoxanthum odoratum.
Galium saxatile.	Lycopodium clavatum.
Luzula campestris.	— Selago.
Vaccinium Myrtillus.	Polytrichum juniperinum.
— Vitis Idæa.	Racomitrium lanuginosum.
Calluna vulgaris.	Cetraria islandica.
Empetrum nigrum.	Cladonia rangiferina, etc.

auxquelles s'ajoutent, dans les zones inférieures, de nombreuses
espèces de terrains secs ; ce qui masque parfois les caractères
essentiels de la physionomie.

§ VIII. — **Pelouses alpines.**

La bibliographie des prairies alpines est aujourd'hui si volumineuse que nous nous bornerons à quelques observations générales.

1° Les zones de végétation plus étroites en Écosse sont aussi
plus indistinctes. Les prairies alpines s'abaissent vers le nord,
(Ben Clibreck, Ben Hope, Ben Loyal, Ben Spionu) jusqu'à
500 mètres environ. Nous voulons parler des formations seulement. Les espèces alpines descendent individuellement, en grand
nombre, jusqu'au niveau de la mer.

2° La pauvreté de la flore des Highlands s'accentue encore dans
la zone alpine, comme le montrent les statistiques. Celles-ci,
cependant ne donnent qu'une idée imprécise de la monotonie
réelle.

3° Les influences géologiques prennent ici une place pré-
pondérante, en raison de l'absence de dépôts glaciaires.

4° Le caractère alpin est dû, moins à la faiblesse de la condénsation atmosphérique (Ben Nevis, 3500 millimètres), qu'à la violence du vent, ce qui explique l'abaissement rapide de la limite inférieure de la zone sur les montagnes du nord.

5° Le type dit alpin (coussinets, pubescence, etc.), n'est pas bien développé dans les pelouses alpines. Il l'est mieux dans les landes des pentes supérieures, des plateaux de faîte et des falaises.

Par pelouses alpines, nous entendons les peuplements ou tapis herbacés et serrés.

§ IX. — Corbeilles des falaises et roches alpines.

(Alpine Crags and Rocks. W.-G. Smith, 1905).

Citons ce dernier : « Les plantes alpines caractéristiques se rassemblent surtout dans des cuvettes, parmi les falaises abritées et les roches où les sources entretiennent une humidité constante.

Thalictrum alpinum.	Sedum roseum.	Salix arbuscula.
Draba incana.	Epilobium alsinefolium.	S. lanata.
Cochlearia alpina.	E. anagallidifolium.	S. Myrsinites.
Silene acaulis.	Galium boreale.	S. reticulata.
Cerastium alpinum.	Erigeron alpinum.	S. lapponum.
Sagina nodosa.	Saussurea alpina.	Tofieldia palustris.
Dryas octopetala.	Mulgedium alpinum.	Carex atrata.
Potentilla rubens.	Gentiana nivalis.	C. flava.
P. procumbens.	Veronica alpina.	C. capillaris.
Saxifraga oppositifolia.	V. serpyllifolia (humi-	Phleum alpinum.
S. stellaris.	fusa).	Alopecurus alpinus.
S. aizoïdes.	V. fructicans.	Poa alpina.
S. hypnoïdes.	Pinguicula vulgaris.	Nardus stricta.
Chrysosplenium opposi-	Armeria maritima.	Polystichum Lonchitis.
tifolium.	Oxyria digyna.	Selaginella selaginoïdes.

§ X. — Prairies de falaises maritimes.

L'Écosse est tout entière encerclée d'une ceinture de falaises, brisée seulement par les embouchures des rivières, et, dans les baies, surtout par des plages de sable et des dunes. Deux agents principaux déterminent la population végétale de ces stations souvent très riches : le climat maritime d'abord et la nature de la roche. Ici encore, comme sur les falaises alpines, les dépôts glaciaires sont absents; les propriétés de la roche se font sentir immédiatement.

Aux vents marins et au sel nous devons attribuer l'absence de végétation arborescente et arbustive. Peut-être y aurait-il lieu d'établir ici une subdivision entre les falaises exposées à toute la force de ces deux agents écologiques et les échancrures sculptées dans la ligne générale par l'érosion de la mer où l'atmosphère est plus calme et plus humide et où le sol s'accumule plus facilement.

A. *Falaises exposées.* — La végétation est très éparse; concentrée dans les paliers et les corbeilles suspendues aux flancs des rochers et sur quelques faux éboulis. Par la taille des plantes, le type en coussinet, la coloration anthocyanique et les détails des formes biologiques, ces petites prairies, extrêmement xérophiles, offrent une analogie frappante avec leurs correspondantes de la zone alpine. On y rencontre :

Ligusticum scoticum	Silene maritima.
Plantago Coronopus.	Armeria maritima.
— maritima.	Asplenium marinum.
Cochlearia officinalis.	

et autres dont la sélection est d'ailleurs rigoureuse et l'adaptation générale, semblable à celle des espèces mentionnées.

Dans le nord-ouest de l'Écosse, s'ajoutent bon nombre d'espèces réellement alpines, telles que :

Thalictrum alpinum.	Saxifraga stellaris.
(?) Erigeron alpinum.	Poa alpina.
Oxyria digyna.	

Les calcaires de Durness et les basaltes de Skye, Mull, etc., sont bien plus riches encore et portent entre autres : *Dryas octopetala* et *Sedum roseum, Polystichum Lonchitis*, etc. Ces roches se distinguent encore par l'abondance et la variété de la flore lichénique.

B. *Echancrures.* — La rigueur des conditions climatiques se relâche beaucoup ici. Il y a moins de vent et de sel; plus de sol accumulé. L'aspect est plus riche, plus varié. Les plantes perdent

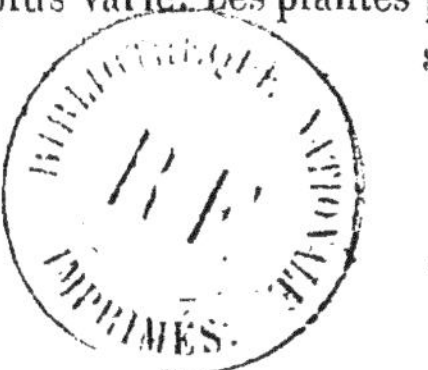

8

leurs couleurs, leurs coussinets ; elles s'allongent et s'étalent. Les buissons peuvent s'introduire à la suite de la flore des vallons de l'intérieur. Le tapis est, en résumé, mésophytique. Citons d'après *W.-G. Smith (l. c.)*.

Cardamine hirsuta.	Carlina vulgaris.	V. sepium.
Helianthemum Chamæ-cistus.	Campanula glomerata.	Geum rivale.
	Primula veris.	Saxifraga granulata.
Polygala vulgaris.	Gentiana campestris.	Valeriana sambucifolia.
Dianthus deltoïdes.	Allium vineale.	Eupatorium cannabinum.
Stellaria holostea.	Anthoxanthum odora-tum.	Primula acaulis.
Geranium sanguineum.		Nepeta Glechoma.
Anthyllis Vulneraria.	Koeleria cristata.	Orchis mascula.
Lotus corniculatus.	Festuca spp.	Scilla festalis.
Astragalus danicus.	Polypodium vulgare.	Luzula maxima.
A. glycyphyllos.	Lychnis dioica.	Bromus giganteus.
Agrimonia Eupatorium.	Geranium pratense.	Brachypodium gracile.
Sedum acre.	Vicia sylvatica.	Scolopendrium vulgare.

§ XI. — **Prés salés**.

(Vegetation of muddy Shores, W.-G. Smith, 1905).

Ces prés se localisent plutôt dans les estuaires de quelque importance comme celles des fleuves Forth, Eden, Tay, Esk, Dee, Ythan, Spey, Findhorn, Nairn, Ness, Beauly, Cromarty, Dornoch, Wick, Thurso, Halladale, Naver, Kinloch, Erriboll, Durness et au fond des lochs ou fjords de l'ouest. Ce sont, à proprement parler, des formations de boue ou limons salés non encore fixés, submergés aux hautes marées. La surface est coupée d'innombrables canaux et cuvettes. Le sol est recouvert d'un feutrage serré d'algues vertes et de *Nostocacées*. Nous ne nous arrêterons pas davantage à cette formation, en vue des études détaillées auxquelles elle est soumise par *MM. Oliver* et *Tansley* de Londres, à Erquy (Bretagne). Il est important d'observer qu'il s'agit ici de végétation de la partie marine des estuaires et non d'eau saumâtre. Citons pour mémoire, d'après W.-G. Smith :

Buda marina.	Armeria maritima.
Aster tripolium.	Plantago maritima.
Glaux maritima.	Salicornia herbacea.

+ Juncus Gerardi.
   Triglochin maritimum.
+ Scirpus maritimus.
+ Carex extensa.

+ Agrostis maritima.
+ Glyceria maritima.
   Suæda maritima.
+ Carex vulpina et C. distans.

Il est probable qu'une analyse méthodique divisera cette formation en « *Bestände* » nombreux. Nous pouvons remarquer dès à présent que les Graminées, Cypéracées et Joncacées marquées d'une croix se trouvent localisées en bordure des chenaux profonds où le drainage est mieux assuré, le sol surélevé en bourrelets et probablement plus aéré et moins salé. En d'autres termes, ce serait une formation de transition.

§ XII. — **Prés saumâtres.**

Dans la zone intérieure ou saumâtre des estuaires, se voit une formation intermédiaire entre les marécages infra-aquatiques et les prés salés, et, à laquelle nous donnons provisoirement une valeur autonome, en raison de sa constance physionomique et d'habitat. Elle est envahie sur ses bords intérieurs par la végétation des environs et cela explique l'introduction d'*Eupatorium cannabinum*, *Lycopus europæus* et *Rumex conglomeratus* dans la liste spécifique qu'en donne *W.-G. Smith* (*l. c.*, 1905). Le botaniste *Barclay* de Perth[1] a fait une étude spéciale des statistiques floristiques des prés saumâtres de la Tay. Mais les données synécologiques manquent. La liste suivante est empruntée à ces deux sources :

Scirpus maritimus.
S. Tabernœmontani.
Phragmites communis.
Juncus Gerardi.
Ranunculus sceleratus.
Caltha palustris.
Œnanthe fistulosa.
Œ. crocata.
Aster Tripolium.
Pedicularis palustris.
Juncus effusus.
J. glaucus.

Juncus acutifolius.
Butomus umbellatus.
Eleocharis palustris.
E. uniglumis.
Carex vulpina.
Agrostis palustris.
Alopecurus geniculatus.
Catabrosa aquatica.
Glyceria fluitans.
G. plicata.
G. maritima.

1. BARCLAY. *Proc. Perth. Soc. Nat. Sc.*, 1904.

§ XIII. — **Dunes.**

La ceinture de falaises qui entoure le pays, due aux soulèvements post-tertiaires successifs laisse relativement peu de place aux dunes, ainsi restreintes, pour la plupart, aux baies et embouchures de rivières. Ces dunes ne sont, nulle part, de grande hauteur. Au point de vue écologique, nous ne pensons pas qu'elles offrent aucune particularité locale digne d'être ajoutée à la vaste bibliographie du sujet.

Notons parmi les plus fameuses celles de Durness, de Dunnet, de Wick, du golfe de Moray. Les dunes vives de Culbin ont enseveli au xviie siècle la baronie de ce nom, autrefois prospère[1]. Les dunes de la pointe de Rattray[2]; celles de la Tay et du Forth, et enfin celles des Hébrides[3] sont encore actives.

Nous ne prétendons nullement avoir épuisé la liste des formations protéiques du groupe des prairies. Le cadre de ce travail ne comporte que les aspects les plus importants et les plus stables du paysage.

CHAPITRE III

LES SUCCESSIONS D'ASSOCIATIONS

Le tableau synoptique suivant donnera une idée de l'évolution des associations traitées dans le chapitre précédent.

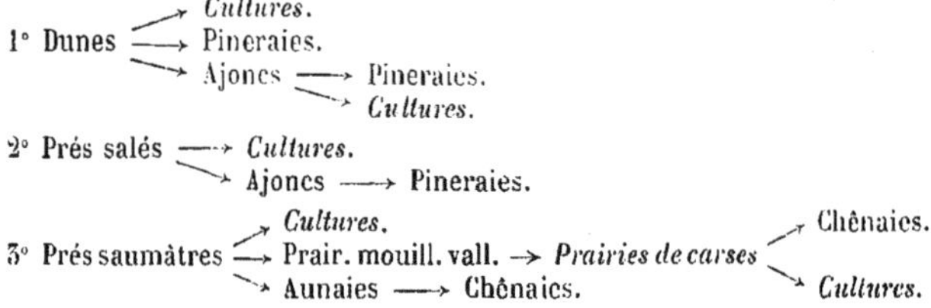

1. H. R. Mill. *Sketchbook of Popular Geology.*
2. Pennant. *First Tour,* 1771.
3. Geikie (Sir A.). *Scenery of Scotland.*

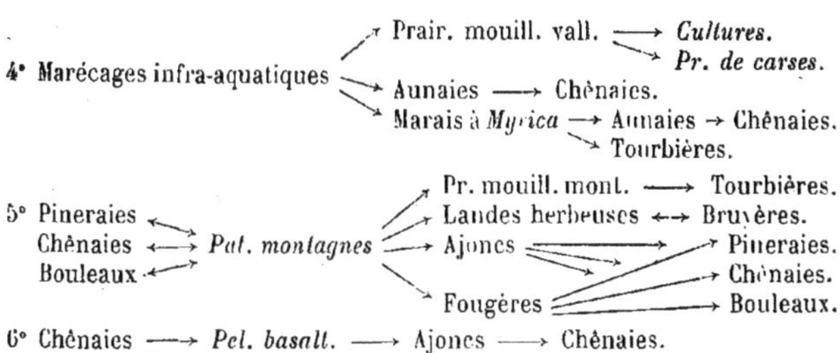
4° Marécages infra-aquatiques
Prair. mouill. vall. ⟶ *Cultures.*
Pr. de carses.
Aunaies ⟶ Chênaies.
Marais à *Myrica* ⟶ Aunaies → Chênaies.
Tourbières.

5° Pineraies
Chênaies
Bouleaux
Pât. montagnes
Pr. mouill. mont. ⟶ Tourbières.
Landes herbeuses ⟷ Bruyères.
Ajoncs ⟶ Pineraies.
Chênaies.
Fougères ⟶ Bouleaux.

6° Chênaies ⟶ *Pel. basalt.* ⟶ Ajoncs ⟶ Chênaies.
Cultures.

Les landes

Le problème des landes du nord-ouest de l'Europe, pour difficile qu'il soit, est l'un des plus fascinants dans ses aspects géographique, biologique, économique et sociologique. Est-ce un fléau que l'homme a attiré sur lui par son ignorance? N'a-t-il fait qu'anticiper de quelques années sur le cours naturel des événements? Ou bien encore, a-t-il simplement accentué une évolution indécise qu'il eût pu arrêter? Telle se pose la question débattue aujourd'hui par les géographes et les naturalistes allemands, danois et scandinaves. L'esquisse qui va suivre se propose de fournir pour l'Écosse quelques données statistiques pour servir à la synthèse à venir.

CHAPITRE I

LANDES SÈCHES

Du sud au nord, de l'est à l'ouest, du niveau de l'océan aux sommets des Grampians, on pourrait, croyons-nous, trouver indistinctement tous les éléments spécifiques des landes sèches. Mais si la notion spécifique est peu satisfaisante, on trouve des relations plus définies dès qu'on aborde les groupements en grandes masses, constituant les paysages.

En ce sens, la série des landes sèches montre une distinction, déjà entrevue, entre le domaine oriental et celui de l'ouest. Sa distribution est en quelque sorte complémentaire de celle des prairies, ainsi qu'on pourra s'en assurer par un coup d'œil à la carte générale.

Comme cause de l'abondance des bruyères dans le nord-ouest
de l'Allemagne, par contraste à la région sud-est, *P. Græbner*[1]
suggère l'élévation de la précipitation annuelle de 500 à 700 millimètres environ. Cette limite orientale trouve en Écosse une frontière occidentale correspondante dans l'isohyète de 1 500 millimètres qui divise les deux domaines que nous avons établis. La
transition est cependant si graduelle qu'une mince ligne paraît
faire violence aux faits.

Le vent a peu de prise sur les arbrisseaux de ces associations.
Il faut arriver aux altitudes de 900 mètres et aux Hébrides extérieures pour trouver la bruyère rabougrie et naine.

Les conditions d'insolation semblent si larges que tout le pays
rentre dans leur cadre. Il résulte des observations générales
qu'une intensité lumineuse du 1/10ᵉ (échelle de Wiesner) commence à être défavorable à la bruyère, tandis qu'une réduction
au 1/15ᵉ suffit en pratique à l'exclure.

Si *Græbner* a pu élever, en laboratoire, de la bruyère en milieu
calcaire, cette expérience n'est, à tout prendre, que peu démons-
trative, peu concluante. Sur le terrain, il en va tout autrement.
Les influences biologiques sont infiniment complexes. La lutte
entre les associations est vive (voir *Warming* et *Clements*). Peut-
être cette lande n'est-elle qu'une formation de *rebut*, occupant les
stations que les conditions extérieures ou l'homme avec ses animaux rendent inhabitables aux autres formations. En tout cas, la
bruyère est un peuplement de terrain appauvri, dégradé.

Il existe pourtant des influences édaphiques plus positives. Les
sols riches en calcaire favorisent les tapis de prairies au point
d'exclure complètement les bruyères. C'est ce qu'on remarque
sur les calcaires compacts, riches micaschistes, schistes à
hornblende et à amphibole; basaltes, gabbros, etc. Il en est de
même dans la région cultivée où la bruyère est localisée dans des
coins perdus. Les jachères en sont exemptes pendant un temps
considérable. Doit-on donc voir dans la présence de ces landes
une simple question de tolérance de la part des autres associations, d'exclusion d'associations plus prospères par la pauvreté
du sol? En d'autres termes, la bruyère répond-elle au potentiel
du sol? Il est prématuré d'émettre sur ces points une opinion

---

1. P. GRŒBNER. *Die Heide Norddeutschlands*, 1901.

générale. Dans la très grande majorité des cas que nous avons examinés en Écosse, nous croyons pouvoir dire que les landes sèches restaient bien en dessous du potentiel du milieu.

La question de l'*alios* a pris une importance si considérable aujourd'hui qu'il était intéressant de se rendre compte de sa répartition. Il porte en Écosse le nom de *Moorpan*. Les résultats auxquels nous sommes arrivés peuvent se résumer ici :

1° Sous toutes ses formes, l'alios (Ortstein-Moorpan) est distribué dans tout le pays et en certaine abondance ;

2° Il est plus fréquent à l'est qu'à l'ouest ; en plaine qu'en montagne, sur les pentes faibles que sur les pentes raides. Il semble présenter un angle d'exclusion entre 30 et 40 degrés. Il est absent de la zone alpine ;

3° Il caractérise un terrain appauvri, est plus abondant en sol léger ou moyen. Il est plus rare en forte marne et en lehm ; absent en forte argile et en limon ; nous ne l'avons pas trouvé en pur terrain basaltique, hornblendique et calcaire ;

4° Les deux variétés compactes et profondes de l'Allemagne du nord et Schleswig-Holstein (Alios proprement dit ; Alios compact) nous ont paru très rares. Les « Statistical Accounts de 1840 » en font pourtant mention dans le domaine oriental. L'alios rencontré était très généralement de la variété légère et superficielle dite bitumineuse. Le sable gris (*Bleisand* de *Ramann*) était rare et mince.

Coupes de terrains sous landes sèches.

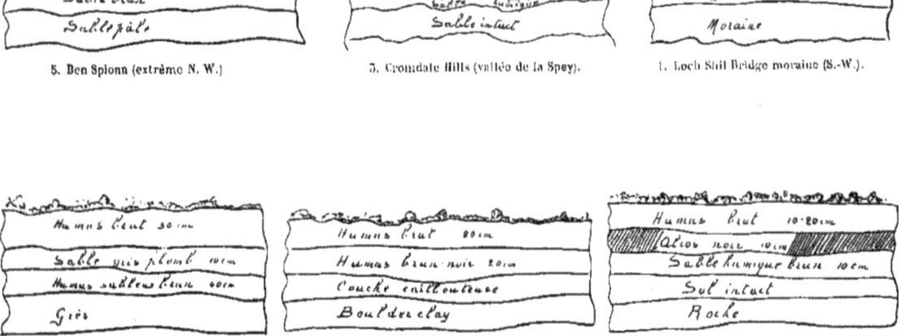

5. Den Spionn (extrème N. W.).   3. Cromdale Hills (vallée de la Spey).   1. Loch Shil Bridge moraine (S.-W.).

6. Kyle-of Durness (extrême N.-W.).   4. Lax-ford Scourie (N.-W.).   2. Cockbridge (Tomintoul, Grampians).

Coupes de terrains sous landes sèches.

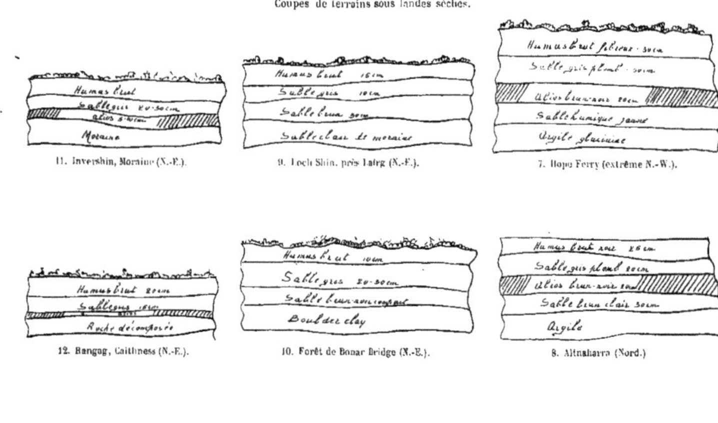

§ 1. — **Bruyères de montagnes.**

(Subalpine Bergheiden, Drude, 1902). — *(Echte Heide-Calluna Typus;*
Grœbner, 1901).

Les grandes masses de cette association se trouvent dans le
sud-est du Sutherland, dans l'est de Ross et dans les Grampians,
surtout dans le secteur du nord-est.

Un apport atmosphérique variant de 700 à 1000 millimètres
par an, des pentes de 20 à 40°, à l'exposition sud, en sol siliceux,
léger et perméable, en dessous de 600 mètres, telles sont les
conditions de son développement optimal.

La nappe d'eau souterraine est très basse; l'humus atteint de
10 à 15 centimètres d'épaisseur; il est noir, compact, homogène;
à section graisseuse: collant et agglutiné sous la pluie; avec
sol humique brun, sous-jacent et alios bitumineux, plus ou
moins gréseux.

La formation est dense, de 50 centimètres de hauteur; et
consiste en une brosse mêlée de coussinets de graminées; d'ilots
blanchâtres de *Nardus stricta,* orangés de *Juncus squarrosus,*
vert-glauques de *Vaccinium Myrtillus*; relevée des minces tiges de
Carex et diversifiée par les plaques de lycopodes cupressiformes,
sur le fond de la callune. Le niveau général est uniforme. Pas de
vert franc, point de larges feuilles, de vigueur apparente. C'est un
paysage sec, grisâtre où le vermillon des fructifications de lichens
pique, çà et là, un point de couleur. Cependant d'un bout de
l'année à l'autre, les changements de teintes sont protéiques.

Sur les tons blanchâtres, gris et noirs de l'hiver, se détache
d'abord le vert précoce des *Nardus*; puis c'est le violet brun
chaud des airelles; relevé ensuite par les frêles clochettes
d'*Arctostaphylos* et de *Vaccinium Vitis.*

Vers la fin juin, l'incendie s'allume avec le cramoisi des
Erica cinerea auquel succède le rose de la *callune.* Puis, le tout
s'assombrit en des tons lie de vin mouchetés de la seconde floraison des *Vaccinium Vitis.*

Les brillantes teintes anthocyaniques de l'airelle ravivent un
instant la lande, au mois de novembre. L'hiver n'offre que des

tons ternes flottant entre le noir de *Vaccinium Vitis* et le gris pâle
des lichens gorgés d'eau.

Les propriétés du milieu biologique sont, en tout point, xéri-
ques. Toutes conditions de climat et d'exposition mises à part,
l'éponge de mousses et de lichens absorbe les pluies de printemps
sans les céder au sol. Les pluies d'automne et d'hiver, pour
abondantes qu'elles soient, n'ont qu'une utilité problématique.
La couche d'humus requiert un état de quasi-saturation avant de
céder son eau à la végétation et sa faculté d'imbibition est considérable. L'interposition de l'alios fait obstacle au pompement
capillaire de la nappe souterraine. Dans l'humus brut lui-même,
la circulation capillaire est très lente. Enfin cet humus est
pauvre en principes assimilables.

Dans ces conditions, les emprunts annuels faits au sol et à
l'humus par la couverture vivante ne peuvent être considérables.
La croissance doit être réduite et d'autant plus que la quantité de
substance consacrée aux tissus de soutien et de protection doit être
plus forte. Il n'existe pas de saison de métabolisme intense et les
formes biologiques à fortes réserves n'ont pas ici leur raison
d'être. La politique générale consiste plutôt en une division des
chances de danger par une division de la surface et du volume.

En dernière analyse, l'adaptation est de caractère négatif; c'est
l'économie de la pauvreté.

Dans les premières et les dernières phases du développement
de la formation, un grand nombre de plantes peuvent trouver
abri entre les arbrisseaux de callune. On y voit même des plantes
forestières. Mais dans l'état optimal, le couvert épais exclut toute
autre végétation que celle des mousses et des lichens. Ce n'est
que par plaques denses que *Nardus*, *Juncus squarrosus* et l'airelle myrtille parviennent à lutter avec succès.

En résumé, nous avons affaire à une formation xérophile. Que
la xérophilie des plantes dominantes soit un caractère héréditaire,
il importe peu ici. La résultante des conditions de milieu imprime
à l'ensemble une adaptation à laquelle on ne peut se méprendre.

En ce qui concerne bruyères, airelles, busseroles, etc., ce sont
des envahisseurs de la forêt en voie de décadence ; non des membres
originaux et essentiels. Ce sont des espèces de plein soleil, non
des hôtes de couvert. Il paraît prématuré d'affirmer, d'après les

données éparses de la paléobotanique quaternaire, qu'elles ont
précédé les forêts dans l'évolution du repeuplement. Mais, jusqu'à
preuve du contraire, on est fondé à leur attribuer un développement social autonome dans les milieux particulièrement défavorables. L'homme a multiplié et étendu ces milieux, réduisant, en
beaucoup de cas, le potentiel du sol. Voici, à titre purement statistique, une liste spécifique de formation type, en sol glaciaire sableux, à 500 mètres d'altitude, exposition sud, pente de 30° (vallée du Don, Grampians).

Calluna vulgaris.	(Hypnums, Cladonias, etc.	Galium saxatile.
Vaccinium Myrtillus.	Erica cinerea.	Carex dioïca
Vaccinum Vitis Idœa.	Juncus squarrosus.	Rumex Acetosella.
Arctostaphylos Uva ursi.	Deschampsia flexuosa.	Veronica Chamædrys.
Nardus stricta.	Blechnum Spicant.	V. officinalis.
Festuca ovina.	Lycopodium clavatum.	Potentilla Tormentilla.
Empetrum nigrum.	L. Selago.	Viola sylvatica.
Anthoxanthum odoratum	Antennaria dioïca.	Juniperus communis
		(passim).

Facies B. — En sol plus riche, moins humique, peut-être plus
sec, sans alios. Formation plus rare et ouverte, de physionomie
moins xérophile. (*Echte Calluna Heide — Pulsatilla facies —
Groebner, 1901*).

Erica cinerea.	Deschampsia flexuosa.	Viola sylvestris.
Antennaria dioïca.	Potentilla Tormentilla.	V. riviniana.
Calluna vulgaris.	Helianthemum vulgare.	Pteris aquilina (pass).
Festuca ovina.	Teucrium Scorodonia.	
Anthoxanthum odoratum	Lotus corniculatus.	

Facies C. — Celui des pentes raides et des faîtes des collines
en dessous de 600 mètres, rocailleuses, très sèches, sans humus
brut ni alios. Le tapis végétal est en contact direct avec le sol. La
formation est rase et rampante, plutôt par ilots, avec affleurements fréquents de la roche ou du cailloutis du sol. La radiation
excessive, la gelée et les vents, le drainage exagéré abaissent, pour
ainsi dire, les limites alpines. La callune est courte et rabougrie.
Les épais coussinets de mousses disparaissent. Les lichens secs et
frutescents constituent des plaques minces.

Arctostaphylos Uva ursi.	Lycopodium Selago.	Calluna vulgaris.
Vaccinium Vitis Idœa.	L. clavatum.	Vaccinium Myrtillus.
Empetrum nigrum.	L. alpinum.	Deschampsia flexuosa.
Blechnum Spicant.	Cladonia rangiferina.	Cladoniacées.
Nardus stricta.	Hypnum (crustacé) (sp.).	Lichens crustacés.

Indiquons enfin ici, pour mémoire seulement, la station tourbeuse de la bruyère. Lorsque les tourbières vieillissent, leur surface se découpe en une quantité d'îlots ou blocs entre lesquels se creuse un labyrinthe de chenaux ou ravins profonds. La surface de ces blocs est peuplée de bruyères. C'est ce qu'on nomme *Broken Peat* ou tourbe brisée. Nous traiterons ce sujet plus loin.

Il est vain de traiter le polymorphisme de ces formations d'une façon purement statistique ou systématique, sans mention de leur évolution. La durée de leur rotation spontanée est courte, comparée à celle des forêts. La vie de la callune elle-même est limitée à quinze ou vingt ans. L'intervention extérieure prend trop d'importance. Les changements de physionomie et de composition s'effectuent rapidement. Vouloir noter d'un point de vue achronique les aspects protéiques de l'évolution, c'est s'exposer à tomber dans une division à l'infini qui surcharge, sans profit, la nomenclature et introduit la confusion. Aussi nous bornons-nous ici à esquisser ces trois faciès ou types jouissant d'une constance relative et de caractères de milieu bien définis.

§ II. — Bruyères des plaines et des collines

(*Sandfluren und Heiden der Niederung*, Drude, 1902.)
(*Echte Calluna Heide-Genisten faciès*, Græbner, 1901.)

Situées en pleine zone forestière du chêne et du pin, ces bruyères possèdent un caractère plus sylvestre que les bruyères des montagnes. Dans les Highlands d'Écosse, les terrains bas ont été suffisamment exploités pour qu'elles soient, dans l'ensemble, restreintes aux stations de qualité inférieure. La carte botanique cijointe montre un très grand développement de plantations dans les grandes vallées de l'est et dans les plaines de bordure des Highlands. Bon nombre d'entre elles recouvrent d'anciens terrains à bruyères de plaines. Mais il subsiste de ces formations une superficie globale encore considérable, bien que découpée en ilots qu'il est difficile d'enregistrer. Notons leur abondance dans l'est et leur rareté dans l'ouest où elles se transforment rapidement en formations mouilleuses et sont remplacées par les marécages à *Myrica*.

En résumé, les conditions climatiques de la station ne sont nullement défavorables. Le terrain est maigre, sec, perméable, pierreux, graveleux ou sableux, à sous-sol perméable aussi et couvre les basses et larges ondulations et collines de plaines, les pentes inférieures et avant-monts des Highlands. Ces terrains sont presque invariablement d'origine glaciaire (moraines, eskers, terrasses fluvio-glaciaires, et variétés légères du *Boulder-Clay* ou argile glaciaire).

L'humus est moins épais, moins compact, plus riche que sous les bruyères de montagnes. L'alios est rare, surtout dans ses variétés compactes. La station est plus humide que précédemment ; la nappe souterraine est néanmoins assez éloignée.

Les grands caractères différentiels de ces formations, comparées à celles de la section précédente, sont : un aspect plus ouvert, une taille plus élancée (1 mètre), arbustive, une physionomie plus prospère, moins xérophile, plus verte, variée, irrégulière. Les buissons sont plus dressés, moins ramifiés, à entrenœuds plus longs et maigres. On trouve des brosses plus courtes et drues d'*Erica Tetralix* (cuvettes) et d'*E. cinerea* (mamelons) ; des tapis épineux de *Genista anglica* ; des fourrés de genêts à balai, d'ajoncs, de genévriers ; et même des broussailles de ronces, d'églantiers et de framboisiers.

Il existe un sous-étage floral et herbacé, d'aspect sylvatique et des manteaux de brousses et de lichens.

Somme toute, les adaptations xérophiles sont ici bien atténuées. Le caractère est plutôt celui des clairières forestières appauvries. On rencontre fréquemment des semis de bouleaux, de sorbiers des oiseleurs, d'épines blanches, de saules marceaux, de trembles et de peupliers. Ce sont d'excellents noyaux forestiers.

Autour de ce type moyen oscillent des variantes innombrables, dans le détail desquelles nous ne pouvons entrer.

En les ordonnant, on peut, en quelque sorte, reconstituer toutes les transitions, entre les landes appauvries des montagnes (*Echte Heide*), les landes forestières et les forêts (*Wald Heide*).

Leur vocation, à n'en pas douter, est arborescente.

Voici une florule synthétique :

Anemone nemorosa.	Crepis virens.	Luzula campestris.
Ranunculus acris.	Hieracium Pilosella.	Eriophorum vaginatum.
Ranunculus repens.	Campanula rotundifolia.	E. angustifolium.
Viola riviniana.	Trientalis europœa.	Carex echinata.
Polygala vulgaris.	Veronica officinalis.	C. Goodenowii.
Hypericum pulchrum.	Melampyrum pratense.	C. pilulifera.
Linum catharticum.	Euphrasia officinalis.	C. binervis.
Oxalis Acetosella.	Thymus Serpyllum.	Anthoxanthum odoratum.
Genista anglica.	Rumex Acetosa.	Agrostis vulgaris.
Lotus corniculatus.	R. Acetosella.	Deschampsia flexuosa.
Lathyrus montanus.	Salix aurita.	Avena pratensis.
Galium saxatile.	S. repens.	Sieglingia decumbens.
Scabiosa Succisa.	Orchis maculata.	Festuca ovina.
Gnaphalium sylvaticum.	Habenaria conopsea.	Lastræa Filix mas.
Achillea Ptar.nica.	Juncus conglomeratus.	Lastræa dilatata.

§ III. — Brousses épineuses.

Ce sont des formations d'arbrisseaux qui peuvent se diviser en trois facies de même physionomie et de même dynamique externe et interne, mais complémentaires dans leur distribution géographique et d'importance différente dans le paysage. Le facies du *Juniperus communis* est à la montagne ce que celui de l'*Ulex europæus* est à la plaine.

1. *Facies de l'Ulex europæus.* — Abonde dans le territoire de culture et pénètre dans les vallées des Highlands.

La formation envahit toutes les friches et pâtures abandonnées, si elles sont sèches, tous les points les plus secs du relief des plaines et des collines inférieures, s'ils ne sont pas occupés par les bois ou la culture. On peut la considérer comme l'indice d'un sol à vocation forestière et souvent comme un pionnier du reboisement spontané. Elle caractérise des roches riches en calcaire : porphyrites, dolérites, basaltes, traps, certaines diorites, agglomérats volcaniques, (avec quelques-unes desquelles le nom local de l'*Ulex*, **Whin**, est lâchement associé), ainsi que les sols qui en dérivent plus ou moins directement.

Le couvert est épais et dense, le sol nu et sec sous les buissons de 1 m. 50 de hauteur.

Lorsque la formation vieillit, les arbustes s'étirent et se couchent, en admettant la lumière et un grand nombre de plantes rudérales et forestières. Dans le voisinage immédiat des prairies, les Graminées tendent à dominer. La flore n'a donc point de caractère propre.

2. *Faciès à Juniperus communis.* — Moins exigeant sous le rapport de la richesse du sol, ce faciès a une prédilection marquée pour les sols contenant une certaine proportion de calcaire. L'habitat est aussi plus humide que précédemment. Il est très rare dans la plaine, mais descend dans les grandes vallées comme celles du Don ou de la Spey, où il abonde. Il n'occupe jamais de bien vastes surfaces.

Son aspect, son couvert et son action sur le sol sont très analogues à ceux de l'ajonc. La flore est due à l'invasion des plantes avoisinantes.

3. *Faciès à Sarothamnus scoparius.* — Il remplace les deux autres en terrains franchement siliceux ou argileux ainsi que sur les roches massives acides, et se mêle à eux dans la plupart des cas.

Son couvert comme son action écologique sont atténués, donnant abri à une broussaille de *Rubus fruticosus*, *R. idæus*, *Rosa canina*, *Rosa spinosissima* et nombre d'autres espèces frutescentes et fruticuleuses.

§ IV. — Landes à Pteris aquilina.

Au point de vue de la pratique agricole, la question acquiert de jour en jour une importance plus considérable dans les Highlands d'Ecosse. Dans l'est comme dans l'ouest, de vastes pâturages sont envahis par cette formation sans utilité définie et qui réduit d'autant l'espace réservé aux troupeaux. Dans les montagnes qui entourent les lochs Lomond, Katherine, Long, Goil, Fyne, Linnhe, Awe, Tay, Sunart, Shiel, etc., aussi bien que dans les Grampians et les autres terres du nord, les landes de « *Bracken* » causent de sérieux ennuis aux habitants. On pourra s'apercevoir de leur extension, à l'arrière-saison, en raison des chaudes couleurs roussâtres qu'elles déploient. On les retrouve dans les dunes, mais en peuplements épars.

Ces landes s'élèvent du niveau de la mer jusqu'à 450 mètres environ. En discutant cette limite, on constate qu'il ne peut être question d'humidité, dont on a toutes les variations à plus grande altitude, mais plutôt de température et de vents. L'écart thermique entre 0 et 450 mètres dépasse, en effet, de beaucoup celui qui se produit au niveau de la mer soit du sud au nord, soit de l'est à l'ouest. En pratique, cette limite est aussi celle de la culture. Le botaniste anglais *H. C. Watson* l'avait adoptée pour sa zone agraire supérieure.

C'est sur les sols poreux, bien drainés, à sous-sol perméable que les landes de fougères donnent leur optimum. Mais elles ne sont, d'ailleurs, nullement exigeantes au point de vue de sa nature physique ou chimique. Sur les bons sols calcaires et basaltiques, le tapis herbeux ne les tolère pas sans difficulté.

En général, le plus grand développement se produit, en montagne, là où le plan de la nappe souterraine s'abaisse, c'est-à-dire dans les convexités soit horizontales, soit verticales.

En terrain pauvre, la fougère entre fréquemment en lutte avec la bruyère. Une indication intéressante sur leur habitat trouvera place ici. Certains agriculteurs[1] prétendent l'avoir fait disparaître par une irrigation abondante et par une submersion temporaire.

Enfin, c'est sous le couvert léger et épars du *Betula verrucosa* que les masses de *Pteris* acquièrent leur optimum.

L'humus peut être brut, mais non tourbeux; très rarement mouilleux. Les fougères aigles brisent d'ailleurs l'humus brut et ameublissent le sol. En pâturages, elles préparent un terreau de bonne qualité, mais, par contre, déchaussent et tuent le gazon.

En raison de leur aspect et de l'extrême sclérification de leur anatomie, il paraît rationnel de considérer le *Pteris* plutôt comme un arbrisseau à fronde caduque. Le couvert est léger, mais efficace contre le soleil et le vent. Il va jusqu'à permettre la végétation de plantes de sous-bois comme *Trientalis europœa*, et suffit en tout cas à un grand nombre d'annuelles dont la germination profite de son développement tardif. Il donne asile à beau-

1. *Trans. Highl. Soc.* (1804?).

coup de pérennantes des bois voisins. La composition spécifique
varie avec le milieu. En voici un exemple :

Potentilla sylvestris.
P. Tormentilla.
Veronica Chamœdrys.
Senecio Jacobœa.
Trientalis europœa.
Erica cinerea.
Viola sylvatica.
plus, parfois, des semis forestiers.

Rumex Acetosella.
Ranunculus bulbosus.
R. acris.
Blechnum Spicant.
Scabiosa Succisa.
Galium saxatile.
Hypnums spp.

Viola riviniana.
Oxalis acetosella.
Achillea Millefolium.
Gyrophora sp.
Thuidium tamariscinum.
Cladonia rangiferina.
C. furcata, etc.

§ V. — Landes alpines.

(*Vaccinium-Grass association*, Smith, 1905.)

Les formations couvrent les pentes supérieures à la ligne de
600 mètres et restent en deçà de 900 mètres. Elles possèdent une
distribution complémentaire de celles des prairies alpines auxquelles nous référons. Elles sont donc plus abondamment
développées dans le domaine oriental, sur les pentes sèches et
raides, pierreuses et pauvres, sur les convexités en profils horizontal et vertical ; sur granite, gneiss, quartzite, porphyre, grès
métamorphiques, etc. L'humus est mince, moins compact que
sous la bruyère.

Pauvreté et sécheresse du sol, radiation et évaporation, vents
puissants, tels sont donc les caractères généraux du milieu.

Ainsi qu'on doit s'y attendre, les adaptations alpines et arctiques doivent s'accentuer ici. Parmi celles-ci, il est intéressant de
noter en première ligne la coloration anthocyanique qui a fait
l'objet des recherches de *Stahl, Overton, Middendorf, Wulff* et
d'autres. Outre les teintes admirables que prend l'airelle myrtille
dès le mois d'octobre, notons celles de *Potentilla rubens* et *Tormentilla, Saxifraga oppositifolia, Azalea procumbens, Oxyria
digyna, Salix herbacea, Empetrum* et *Arctostaphylos.* Le phénomène s'intensifie dès qu'on approche des pentes exposées aux
vents dominants.

La forme biologique dominante est ici celle de l'espalier
rampant.

La lande alpine se distingue de loin par son vert frais, l'été, et ses teintes rougeâtres, à l'automne. De plus près, c'est un tapis très court (15 centimètres) et serré. Les formes buissonnantes de *Vaccinium Myrtillus* et *Vaccinium Vitis* elles-mêmes montrent une tendance à ramper. *Arctostaphylos, Azalea, Empetrum, Salix, Saxifraga oppositifolia, Cornus suecica*, etc., sont franchement des espaliers appressés contre le sol. Les mousses en coussinets alpins ou en croûtes et les lichens fruticuleux desséchés forment le fond. L'aspect n'est pas homogène ; les espèces se rassemblent en plaques. Chez la plupart d'entre elles, comme on le sait, le système souterrain est largement développé.

Avec l'abri, l'épaisseur et la fraîcheur du sol, ces landes passent aux prairies que nous avons décrites.

Voici, à titre de référence, la liste assez complète d'une de ces formations, prise dans le nord de l'Écosse.

Vaccinium Myrtillus.	Potentilla rubens.	Draba rupestris.
V. Vitis Idæa.	Azalea procumbens.	Cochlearia officinalis.
Arctostaphylos Uva ursi.	Empetrum nigrum.	Armeria maritima.
A. alpina.	Festuca ovina.	Rumex acetosella.
Lycopodium selago.	Racomitrium lanugi-	Alchemilla alpina.
L. alpinum.	nosum.	Parmelias.
Oxyria digyna.	Galium saxatile.	Hypnums.
Saxifraga oppositifolia.	Cladonia rangiferina.	Rhizocarpon geographi-
Salix herbacea.	Cetraria islandica.	cum, etc.
S. lapponum.	Silene acaulis.	Juncus trifidus.

§ VI. — Landes des sommets.

(Summit Vegetation, W. G. Smith 1905.)

Le dernier terme de la lande rase est atteint sur les plateaux faîtiers généralement entre 900 et 1 200 m., mais s'abaissent vers le nord à 800 m.

Ces situations offrent le maximum de drainage, de radiation et d'évaporation, avec un maximum de vents. La moyenne mensuelle des minima thermiques journaliers reste toujours inférieure à — 1°. Quant aux données anémodynamiques, elles sont jusqu'à présent très incertaines.

Le sol est profondément désagrégé. Pendant les trois ou quatre mois d'été, il dégèle chaque matin et la surface reste humide aux jours de brouillards ou de pluies. Mais elle se dessèche rapidement, en plein soleil.

Qu'on s'imagine une étendue caillouteuse parsemée de petites plages de lichens olivâtres ou blanchâtres ou de mousses laineuses, de plantes isolées de 3 à 4 centimètres. Çà et là, émerge un bloc rocheux couvert d'une mosaïque de lichens. Telle est la physionomie de la formation en question. Quelles que soient les espèces, ces plantes présentent le même nanisme et autres adaptations alpines bien connues. *W. G. Smith* donne la liste suivante pour les Grampians :

Alchemilla alpina.	Juncus trifidus.
Potentilla Sibbaldi.	Carex rigida.
Gnaphalium supinum.	Festuca ovina.
Azalea procumbens.	Lycopodium selago et alpinum.
Empetrum nigrum.	Racomitrium lanuginosum.
Salix herbacca.	Cetraria islandica.

à laquelle il faut ajouter la liste des autres lichens.

CHAPITRE II

LES LANDES TOURBEUSES

§ I. — Généralités.

La tourbe est partout en Ecosse. Abstraction faite des détails, elle couvre les vestiges du grand plateau d'érosion primitif, les terrasses et les paliers des pentes pour s'étendre sur les collines et dans la plaine jusqu'au niveau de la mer. Y échappent, par suite de causes naturelles, les altitudes supérieures à 1 000 m., les crêtes ou pics trop étroits, les pentes bien drainées. L'activité de l'homme a réduit de beaucoup son domaine, aux faibles altitudes.

D'après cela, on peut déjà conclure que les montagnes de l'ouest, prises dans l'ensemble, offrent une moindre superficie de tourbières que le domaine oriental, en raison de l'étendue restreinte des surfaces horizontales. La considération exclusive du climat porterait à penser le contraire.

Dans le territoire qui nous occupe, les grandes masses de tourbières se trouvent dans les plaines du Caithness, dans les pays bas, au nord-est des Grampians, dans la célèbre dépression de Rannoch et sur les plateaux d'Argyll et de Lorne, au sud-ouest. Cette diversité de situations montre qu'en tout point du pays, le climat présente les conditions favorables à leur formation.

Si l'on cherche à se rendre compte de l'influence du sol, on aperçoit immédiatement une profonde indifférence à la nature géologique de la roche. C'est ainsi que les morasses du Sutherland nord reposent sur les gneiss de la série de Moine ;

Celles du Caithness, sur le granite, le gneiss et même le vieux grès rouge dévonien ;

Celles du golfe de Moray, sur vieux grès rouge inférieur ;

Celles de Rothes et d'Elgin, sur des substratums variés ;

Celles de Keith, sur micaschiste, vieux grès rouge, grès quartzitiques, phyllades et autres ;

Celles de New-Pitsligo et Strichen (N.-E.), sur vieux grès rouge, phyllades, granite, grès quartzitique ;

Celles de Rora, près de St-Fergus (N.-E.), sur le gneiss ;

Celles de Wells of Ythan (à l'est de Huntly), sur phyllades ;

Celles de Crinan (Argyll-ouest), sur gravier avec argile bleue sous-jacente ;

Celles de Lorne, sur porphyrite ;

Celles de Flanders, sur forte argile, etc.[1].

Etant donnée l'importance des dépôts glaciaires, qui masquent les roches compactes, l'attention se porte tout naturellement sur leur influence. Mais il résulte de leur analyse que la tourbe est assez indifférente à toutes les variétés d'argile glaciaire, sables et graviers, toutes choses égales d'ailleurs.

Le grand facteur qui semble dominer la répartition des tour-

---

1. Dans le sud du pays, la variété des substratums n'est pas moins surprenante. La tourbière d'Airds, près de Muirkirk (S.-U.) repose sur grès carbonifère. Dans toute l'étendue de la région silurienne, subsistent les vestiges de morasses sur tous les terrains de la série. Les couches houillères n'en sont pas exemptes.

bières en Ecosse est la *pente du terrain*, d'une manière générale, et pour fixer un chiffre, forcément approximatif, nous donnerons l'angle de 10° comme inclinaison maximale moyenne résultant de nos observations. Dans ces limites, il est naturel de penser que l'imperméabilité de la roche compacte et la perméabilité du sol déterminent des centres de développement. Ceux-ci sont d'ailleurs d'autant plus nombreux que les roches cristallines et cristallophylliennes occupent la majeure partie du territoire que nous étudions. Cette question de drainage domine, comme on le sait, toute l'économie des tourbières et de leur amélioration.

Les qualités écologiques de la tourbe sont aujourd'hui du domaine classique.

Il s'agit d'un milieu de densité très faible, soumis à de grandes oscillations de volume et d'humidité, à puissante faculté d'imbibition, mais très colloïdal et à circulation d'eau très lente, à taux d'eau généralement élevé, condensant fortement les gaz, très froid, privé d'air. La tourbe est, en outre, très acide, très pauvre en principes nutritifs solubles et assimilables, très riche en principes insolubles et indécomposables, riche aussi en composés nuisibles tels que les acides humiques, sulfates de fer, cires et résines.

Remarquons encore que la saison de végétation correspond au minimum d'eau et que, pour permettre une absorption radiculaire convenable, le substratum humique doit renfermer une quantité d'eau bien supérieure à celle des autres sols.

Un élément important du milieu consiste dans les gelées très tardives de printemps, très précoces de l'automne. L'atmosphère est toujours fraîche et humide.

A de semblables conditions, très peu d'espèces végétales peuvent s'accommoder. La pauvreté de la flore et sa monotonie sont donc des caractères fondamentaux. Mais le trait dominant est la xérophilie.

Depuis la formule classique de *A. W. Schimper* relative à la *sécheresse physiologique* et basée sur les phénomènes d'isotonisme osmotique, aucune hypothèse importante n'a été mise en avant pour expliquer le paradoxe écologique d'une végétation xérophile ayant son pied dans l'eau douce. La série de xérophilie croissante avec la pauvreté des eaux posée par *Warming*

Röhrsumpfe — Wiesenmoore — Sphagnummoore
corrige la formule d'un coefficient nouveau adopté par *Grœbner*.

Mais le laboratoire, le jardin expérimental et les laboratoires de campagne du genre introduit en Europe par *Oliver* et *Tansley* permettront seuls d'analyser ce problème qui, malgré la vaste bibliographie qu'il a déjà provoquée, reste encore en suspens.

Origine des tourbières. — Il est très vraisemblable que beaucoup de formations tourbeuses ont succédé immédiatement aux toundras post-glaciaires. Mais nous ne possédons aucune donnée à ce sujet. Les documents fournis par le service géologique trahissent ici une lacune profonde et les méthodes assez incertaines de démarcation et d'enregistrement[1] ne peuvent donner aucune indication.

Parmi les tourbières de cette classe, il est pourtant plausible de ranger un grand nombre de morasses de plateaux entre 600 et 900 mètres, c'est-à-dire en dehors de la limite forestière. Étant donné le drainage imparfait et le climat, il s'agit alors d'une décomposition organique par putréfaction produisant une accumulation de débris. En deçà de la limite des arbres règne l'incertitude la plus complète. Aucune recherche systématique n'a été poursuivie[2]. Pourtant, les maigres faits que nous possédons nous forcent à conclure :

1° Qu'après la période glaciaire est intervenue une ère d'extension universelle des forêts (voir première partie);

2° A laquelle a succédé une ère de grande extension des tourbières;

3° L'époque d'extension maximale de ces formations peut être fixée avec certitude après la période romaine.

Les vestiges de la civilisation romaine au fond des tourbières ont, sans doute, une valeur chronologique contestable, ainsi que le fait remarquer *A. Geikie.* Aussi ne forment-ils point la base de cette conclusion. Les documents historiques suffisent (voir première et dernière parties).

Cela posé, on peut se demander si l'extension des tourbières a été naturelle ou due à l'intervention de l'homme.

1. *Memoirs of the Geological Survey of Scotland. — Geology of Cowal,* 1897. Voyez aussi *Summary of Progress.*
2. C. Reid, *l. c.*

Les causes naturelles que l'on peut invoquer sont : 1° une détérioration du climat ; 2° une dégradation spontanée du sol.

1° Les oscillations d'humidité retentiraient seulement sur la composition des forêts, non sur leur existence. Quant au refroidissement, il se fût trahi : *a*) par un abaissement des limites altitudinaires des espèces, auquel nous n'avons aucune raison de croire ; *b*) par la disparition des bois dans les zones supérieures d'abord, et généralement. On doit penser aujourd'hui que le déboisement a précisément suivi l'ordre inverse. Que si, d'ailleurs, on argue de la disparition des forêts, on entre dans un cercle vicieux.

2° La dégradation spontanée du sol, d'après l'interprétation qu'a donnée *P. Græbner* (*l. c.*) des données de *E. Ramann* et *H. Müller*. Si nous élargissons notre champ de vision et embrassons d'un coup d'œil les forêts de l'Amérique du Nord aussi bien que les régions antarctiques, nous constatons que le cadre de leurs variations climatiques renferme largement celles des climats du nord-ouest de l'Europe. Or, les rapports des services forestiers du Canada et des États-Unis ne font aucune mention du phénomène. Nous voyons d'ailleurs, abstraction faite des territoires secs, combien ils sont boisés. La question se pose donc : Sur quelle base fonderions-nous un cas particulier pour nos pays ? Ici comme partout, le déboisement a été en raison directe de l'accroissement de la population. Dans le sud il a produit des déserts ; dans le nord, des bruyères et des tourbières. Malgré les exagérations dont il taxe *Focke*, *Borggreve* et *Krause*, *P. Græbner* reconnaît d'ailleurs, dans le procès de dégradation du sol, l'influence au moins accélératrice de l'homme.

Ceci n'infirme nullement le fait que l'homme a souvent dépassé les limites d'élasticité reconstructrice de la nature.

Du fer, du feu ou de la dent des bestiaux, quel a été l'agent le plus important, c'est ce qu'il est difficile d'estimer. Le mécanisme de la transformation des forêts abattues n'a pas été suffisamment élucidé.

Prétendre, avec *de Lapparent*[1], que la putréfaction de la masse végétale, soudain jetée sur le sol, provient de la stagnation des eaux retenues au milieu des débris accumulés est, au moins, simplifier le problème. La quantité de tourbe ainsi produite

1. De Lapparent. *Traité de Géologie*, 1900.

serait bien maigre. Les stations n'étaient d'ailleurs pas nécessairement marécageuses en elles-mêmes, comme le montre la diversité et la généralité du phénomène dans ce pays. Certes, le niveau de la nappe souterraine s'élève soudain et l'évaporation du sol protégé est réduite. Nous pouvons admettre que la putréfaction s'ensuit. Mais, au delà, nous sommes réduits aux conjectures. Car ce n'est évidemment là qu'un petit point de départ, probablement un milieu de culture pour les sphaignes, *Eriophorums*, *Scirpus cœspitosus*, *Polytrichums* et autres espèces qui forment la tourbe.

L'invasion des forêts par la tourbe peut avoir eu une certaine importance en Écosse. Mais il nous a été impossible de nous faire une opinion sur la question. Parmi les nombreuses sections que nous avons examinées, aucune ne portait à croire à un tel procédé. Par contre, le cas des souches coupées ou carbonisées étaient fréquent. On trouve aussi beaucoup de traces du vent.

Nous dirons plus loin quelques mots du rôle social et économique de la tourbe.

En face de la rapidité d'évolution de ces formations, il paraît plus nécessaire ici qu'ailleurs d'adopter un mode d'exposition chronologique. La division que nous proposons est basée moins sur l'origine que sur le mécanisme de la transformation et la physionomie écologique; moins sur une démarcation topographique absolue que sur la fréquence relative des procédés.

§ II. — **Tourbières de plaines ou de sphaignes.**

(*Sphagnum Moors*, W. G. Smith, 1905).

Le développement des tourbières à sphaignes est à la fois plus vigoureux et plus abondant dans les terrains plats et les cuvettes des altitudes inférieures à 550 mètres. Suivons-le sur un exemple typique emprunté aux morasses de Corpach, à la tête du Loch Linnhe (S.-W.). C'est d'abord sur argile alluviale, une prairie mouilleuse à *Molinia* bien constituée, en terrain saturé d'eau. Mêlées à l'espèce dominante se trouvent *Juncus conglomeratus*, *Scirpus cœspitosus*, *Eriophorum vaginatum*. Entre les touffes se gonflent des coussinets de *Sphagnum* et de *Polytrichum*. En certains endroits, ces coussinets constituent un collier épais autour des Graminées et des Cypéracées.

En s'éloignant du rivage, on trouve un deuxième aspect tout différent. Il consiste en un archipel d'ilots innombrables dont le niveau dépasse de 20 centimètres celui de l'eau et qui n'atteignent que quelques mètres carrés de superficie. La largeur des canaux sur les eaux glauques desquels flottent les sphaignes varie de 50 centimètres à 2 mètres ; leur profondeur de 1 à 2 mètres. Les ilots eux-mêmes sont des éponges de sphaignes extrêmement serrés et variés de *Polytrichums* géants, de réseaux d'*Hydrocotyle vulgaris*, d'*Eriophorum latifolium* très prospères, même de *Viola palustris*, de *Parnassia*, de *Caltha*, de *Carex* et de petits *Juncus* délicats, de *Drosera rotundifolia*, *D. anglica*, *Potentilla palustris*, de *Vaccinium Oxycoccos*, d'*Aulacomnium palustre*. Il est très dangereux de séjourner plus d'une minute ou deux au même endroit, surtout près des bords, car l'édifice fragile peut s'écrouler dans l'eau où le pied est bientôt immergé jusqu'à la cheville.

Jusqu'à présent, voilà bien une culture dans d'idéales conditions d'humidité. La formation est hydrophile. Les plantes élevées dans les couches superficielles de la mousse ont assez d'air et montrent toutes les adaptations semi-aquatiques.

Un fait se trahit, cependant, dès l'abord, par la taille très faible et, croyons-nous, autrement inexplicable des plantes phanérogames, c'est le *manque de nourriture*. L'eau des canaux n'est pas encore bien acide et, pour pure qu'elle puisse être, pas bien claire : abstraction faite des sphaignes, elle paraît absolument déserte.

Une étape marquée de consolidation ou peut-être de décadence offre un dessin horizontal analogue, mais avec des ilots plus solides, plus compacts, noirs, fibreux, avec canaux à moitié comblés et ne contenant plus qu'un fond d'eau d'où émergent les mousses. L'ilot lui-même, à base et tapis de *Sphagnum*, est habité par *Eriophorum vaginatum*, *Scirpus cæspitosus*, *Erica Tetralix*, *Carex stellulata*, *C. Goodenovii*, etc., tandis que *Caltha*, *Hydrocotyle*, *Viola* et autres ont disparu. On remarque ici une certaine tendance xérophile. Le niveau de l'eau est plus bas.

Enfin, et pour terminer, c'est la masse mamelonnée, çà et là ravinée, de la tourbière vieille que l'on commence à exploiter. La tourbe est tassée, plus compacte encore, bien noire et peuplée maintenant de *Calluna*, *Vaccinium Myrtillus*, *Narthecium ossifragum*, *Empetrum nigrum*, *Scirpus cæspitosus*, *Eriophorum vaginatum*.

Au delà c'est la ruine de la tourbière ou la transformation en lande de bruyère, plate ou grossièrement mamelonnée.

Comme on le voit, il est impossible d'inclure tous ces termes dans une classification purement acinétique.

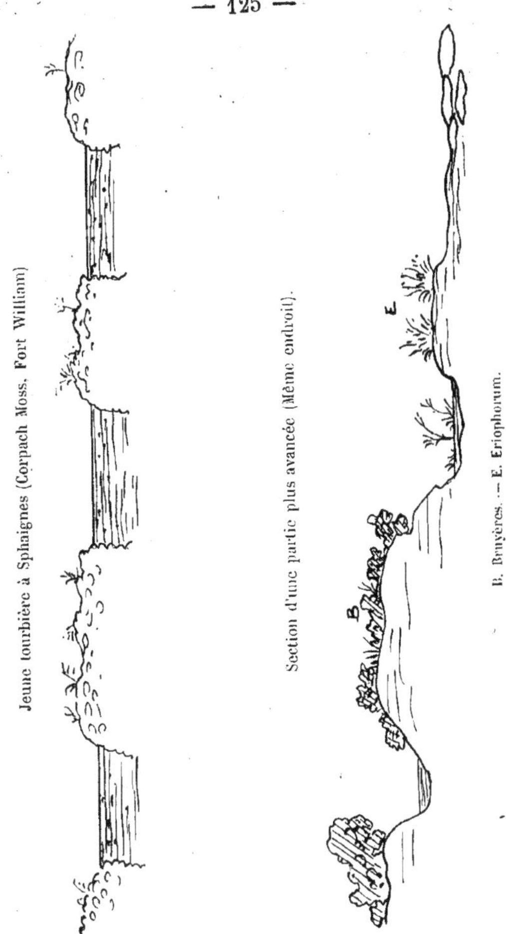

§ III. — **Tourbières de Montagnes**.

(Eriophorum Moors. — W.-G. Smith, 1905).

Ce type est plutôt celui des sommets ou des terrasses entre 300 et 900 m. Il est dû à l'accumulation des produits de la putré-

l'action des débris organiques avec excès d'eau, mais où l'intervention du sphaigne n'est qu'accessoire; où la tourbe est produite par *Scirpus cœspitosus* et *Eriophorum vaginatum, Carex stellulata*, les lichens, les mousses et même *Tetralix*.

La lente accumulation produit une surface irrégulière et imperméable avec cuvettes et mamelons, les premières occupées par les mousses, les seconds par la myrtille, *Empetrum, Scirpus*, etc.

Sur une rangée de montagnes herbeuses, comme celle de Balquhider (Perthshire), la présence du sphaigne est imperceptible. Au sommet des pentes, l'herbage devient acide et mouilleux. On y voit *Molinia, Anthoxanthum, Scirpus, Eriophorum vaginatum, Tetralix, Carex*, etc., auxquelles s'ajoute le très caractérisque *Rubus Chamœmorus*.

Lorsque l'épaisseur de la couche atteint un mètre environ, le tapis végétal est plus clairsemé; la surface se creuse en rigoles superficielles, en plaques irrégulières. A deux mètres, l'aspect est raviné, la formation commence à dégénérer. Souvent les chenaux en labyrinthes mettent à découvert la surface primitive du sommet. Les blocs s'écroulent et leur tourbe est emportée. C'est ainsi qu'on retrouve de vastes plages dénudées jusqu'au sol minéral, tandis que le procès de reconstitution va de pair avec celui de la dégénération.

De loin, l'aspect de ces tourbières, en calottes de montagnes, est très frappant. C'est une sorte de couverture noire, à frange déchiquetée débordant sur les pentes supérieures. La silhouette ravinée se découpe nettement sur le ciel.

Les montagnes pauvres remplacent les herbes par la bruyère. Mais le procédé et le résultat sont les mêmes.

Rien n'est plus fréquent dans les Highlands de l'est que cette calotte tourbeuse. Il est à peine besoin d'ajouter que la station de ces blocs tourbeux, très profondément drainés, physiquement et physiologiquement secs, est une des plus xérophytiques que l'on puisse trouver. Il n'y a donc pas à s'étonner d'y voir : *Erica Tetralix, Calluna, Vaccinium Myrtillus, Cornus suecica, Arcto-staphylos, Empetrum*, etc.

Telle est la rapidité avec laquelle le milieu change de forme, que la désorganisation la plus profonde règne dans la composition spécifique. On y retrouve les espèces des stations mouilleuses survivant à côté de celles des endroits très secs. Les premières sont alors rabougries et dégénérées. Empruntons à *R. Smith* une liste synthétique (*Bot. Surv. Scotl.* 1900).

Plantes de tourbe des stations sèches.	*Plantes des stations humides.*
Potentilla sylvestris.	Rubus Chamœmorus (alpin).
Antennaria dioïca.	Vaccinium Oxycoccos.
Vaccinium Vitis Idæa.	Erica Tetralix.
V. uliginosum (alpin).	Myrica Gale.
V. Myrtillus.	Empetrum nigrum.
Arctostaphylos Uvaursi.	Malaxis paludosa.
Calluna erica.	Juncus squarrosus.
Erica cinerea.	Rhynchospora alba.
Azalea procumbens.	Carex magellanica.
Pyrola rotundifolia (alpin).	C. limosa.
P. media.	Molinia cærulea.
P. minor.	Narthecium ossifragum.
P. secunda (alpin).	
Listera cordata.	
Nardus stricta.	
Lomaria Spicant.	

Sur les bords des ruisseaux qui traversent la tourbière, donc bien en dessous du niveau des blocs, se reconstituent des prairies mouilleuses où dominent :

Eriophorum polystachyon.	Narthecium ossifragum.
Molinia cærulea.	Malaxis paludosa.
Juncus squarrosus.	Rhynchospora alba.
— conglomeratus.	Carex limosa.
Carex ampullacea.	Vaccinium Oxycoccos.
— Goodenovii.	Scabiosa succisa.
Scirpus cœspitosus.	Sphagnums.

Leur aspect relativement plantureux et leur verdure constituent un contraste agréable avec la teinte sombre et terne et la physionomie desséchée des plates-formes.

Lorsque le sol a été entièrement dépourvu de sa couverture, laissant ainsi des îlots clairs de quelques ares de superficie, le repeuplement de la roche désagrégée commence sans tarder avec des touffes isolées de

Anthoxanthum odoratum.	Nardus stricta.
Deschampsia flexuosa.	Agrostis vulgaris.
Festuca ovina.	Juncus triglumis.
Molinia cærulea.	J. bufonius (sous 450 m.).

Enfin la désolation de ces lieux est intensifiée, çà et là, après un écroulement récent, par les ruines des blocs en monceaux de tourbe déserte et noire où gisent pêle-mêle les débris de la population végétale.

Le procès de dévolution va donc toujours de pair avec celui de reconstruction. Dès lors, on comprend que l'épaisseur de ces tourbières de montagnes ne soit jamais bien forte, bien que la production humique soit constamment active. Il s'ensuit, sur les faîtes et terrasses, une curieuse oscillation de niveau, un mélange de jeunesse et de sénescence.

Dans l'extrême nord-ouest de l'Écosse, les tourbières partagent largement des caractères des deux types décrits. Les lieux plats et les cuvettes ne se prêtent pas à l'érosion et au ravinement. De là, un autre aspect très fréquent dont on ne peut cependant pas faire un type à part.

Il débute par un marécage à peuplement serré de *Molinia cærulea*, *Scirpus cæspitosus*, *Eriophorum vaginatum*, *E. angustifolium*, *Carex stellulata*, *C. dioïca*, *C. pauciflora*, *C. echinata*, *Myrica Gale*, *Erica Tetralix*, *Sphagnum*, *Narthecium ossifragum*. C'est, en somme, une prairie submergée (*Dalmichy*, au nord du Loch *Shin*).

Avec la fabrication de la tourbe, le niveau s'élève, l'eau diminue dans le substratum ; la population s'éclaircit. *Myrica Gale* et *Carex*, *E. angustifolium* et sphaignes disparaissent. *Molinia* se fait rare. Insensiblement se constitue une terrasse de tourbe ferme et compacte dont la surface luisante est piquée, çà et là, de maigres touffes de *Scirpus*, *Eriophorum*, *Nardus* et *Tetralix*. Il arrive fréquemment que ces tables tourbeuses sèches se distinguent par leur teinte lie de vin sombre. Cet effet est dû à un feutrage très dense, atteignant parfois deux centimètres d'épaisseur. S'agit-il d'algues ou de champignons? Nos spécimens, malheureusement détériorés, ne nous ont pas permis d'étudier ce point intéressant.

§ IV. — **Tourbières à Myrica Gale.**

(*Myrica Bog* — R. Smith, 1900) (*Sämpfmoore* — Warming) (*Niederungsmoore*
Drude 1902).

Le clan Campbell, dans l'Argyllshire (S.-W.), avait pris pour
« badge » ou emblème, un bouquet de ce buisson parfumé,
le myrte des marais ou *Myrica Gale*. C'était là un signe parfaitement approprié.

Le *Myrica* a son noyau de densité maximale dans le sud-ouest
des hautes terres. Si l'espèce est répandue dans tout le pays, elle
ne constitue de formations, ne fait réellement partie intégrante
du paysage que dans le domaine occidental, abstraction faite du
district lewisien. L'association augmente d'importance à mesure
que l'on descend vers le sud et se montre relativement rare dans
le district du Sutherland nord.

Son altitude est aussi très limitée. Les grandes masses de *Myrica* ne dépassent guère 530 mètres. Dans le cadre ainsi formé,
elles sont un réactif infaillible de terrains mouilleux, mais non
des tourbes profondes. Le substratum physique le plus favorable
paraît être l'argile glaciaire, fluvio-glaciaire ou fluviale.

La *myriçaie* ou *myricetum* est d'ailleurs en lutte constante avec
la *callune*, la *Tetralix* et la prairie mouilleuse. La balance des
chances sur les pentes inférieures et en bordure de montagnes est
souvent bien indécise. Si la bruyère, de par sa propre dynamique,
devient mouilleuse, la prairie à *Myrica* lui succède bientôt.

Que, d'autre part, cette dernière assèche le sol ou que le drainage
devienne plus actif, *Tetralix*, puis *Calluna* reprennent le dessus.
Le meilleur habitat de la formation est pourtant le marécage
infra-aquatique en voie d'assèchement, sur les bords et à la tête
des lacs, deltas de torrents, etc. A mesure que se forme la tourbière supra-aquatique, *Myrica* disparaît.

Les caractères écologiques sont extrêmement mélangés. Dans
l'ensemble, il s'agit d'un couvert plus ou moins continu de
cirier à teinte glauque, à taille élancée, allant jusqu'à 1 m. 50
de hauteur. De hautes herbes s'y mélangent en abondance et sous
le couvert s'abritent *Erica Tetralix*, *Narthecium ossifragum* et
des *Sphagnums* et *Polytrichums*. Le sol est spongieux.

L'aspect est très peu xérophile et nous avons ici une formation entre la tourbière supra-aquatique et le marécage infra-aquatique ; un point commun entre le type tourbière, le type bruyère et le type prairie mouilleuse. Dans l'incertitude où nous nous trouvions, la facilité avec laquelle la « myriçaie » ou « cirière » engendre la tourbière haute ou Moosmoore nous a décidés à le placer parmi les aspects de ce dernier type. Il est possible que le facies décrit à la fin du § III n'en soit qu'un cas particulier. D'autre part, l'affinité des tourbières à *Myrica* pour les bois de marécages dont elles ne sont, la plupart du temps, que des avant-coureurs, leur donne un caractère bien distinct.

D'ailleurs, et en résumé, la nature n'a pas établi de démarcation nette.

Voici la composition de deux facies de cette formation.

1° *Fort Augustus*. — Pentes basses et cuvette mouilleuse en voie d'assèchement. — Argile glaciaire.

Myrica Gale.	Nardus stricta.
Erica Tetralix.	Carex Goodenovii.
Eriophorum angustifolium.	C. dioïca.
Narthecium ossifragum.	Juncus lamprocarpus.
Scabiosa Succisa.	— conglomeratus.
Molinia cærulea.	— squarrosus.
Deschampsia cœspitosa.	— bufonius.
— flexuosa.	Equisetum limosum.
Agrostis vulgaris.	Sphagnums, Polytrichums, Hyp-
Anthoxantum odoratum.	nums.

2° *King's House*. — (Loch Earn-Perthshire). — Fond mouilleux de la vallée avec mares à sphaignes.

Myrica Gale.	Carex distans.
Juncus conglomeratus.	Eriophorum angustifolium.
Eleocharis palustris.	Parnassia palustris.
Caltha palustris.	Menyanthes trifoliata.
Triglochin palustre.	Potentilla palustris.
Pedicularis palustris.	Hydrocotyle vulgaris.
Carex ampullacea.	Viola palustris.
— Goodenovii.	Hypnums, Sphagnums.
— fulva.	Polytrichums.

Nous ne prétendons nullement avoir épuisé la série polymorphique des tourbières. Mais, en ce qui concerne les terres hautes, nous croyons que les subdivisions infinies entre lesquelles un esprit purement statique et analytique pourrait pulvériser cette forme de végétation, ne seraient que des variantes sur les thèmes esquissés et considérés d'un point de vue cinématique.

Tourbières en décadence, S.-W. de Lairg (Sutherlandshire).

I. Sphagnetum. — II. Eriophoretum.

Vieille tourbière en décadence aux pieds du Ben Clibreck (Sutherland).
(environ 300 mètres d'altitude).

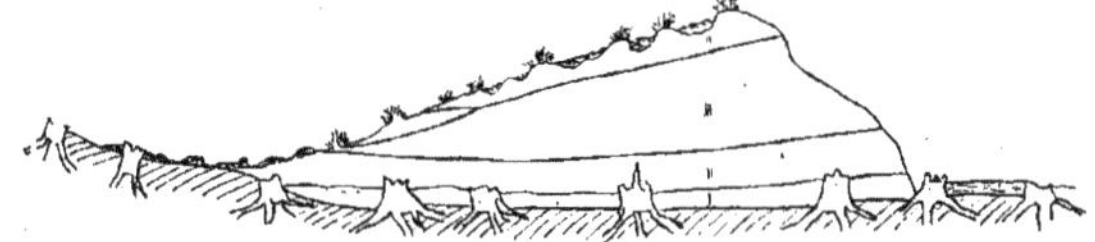

I. Sphagnetum. — II. Eriophoretum.   III. Callunetum. — IV. Eriophoretum.

Cuvette de plateau. — Montagnes du Perthshire (Achnafree) à 600 mètres.

II et IV. Eriophoretums.   I, III et V. Anciens callunetums.

Vieille tourbière dénudée (Dirrymore-Rosshire, N.W-.)

Sphagnetum avec callune.

Tourbière en décadence (Caithness).

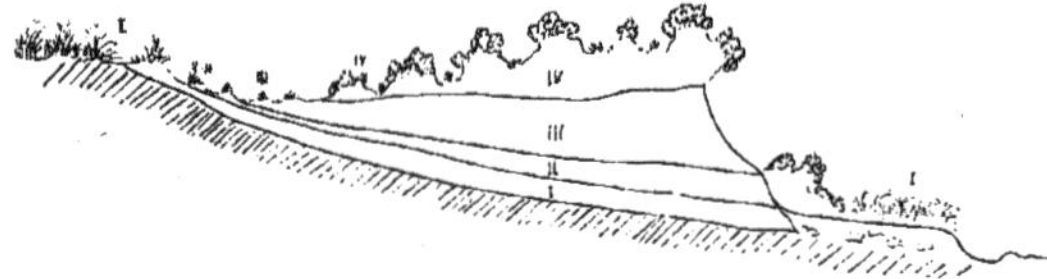

I. Caricetum. — II. Scirpetum. — III. Eriophoretum. — IV. Callunetum.

Tourbière en voie d'érosion. — Montagnes du centre Perthshire.

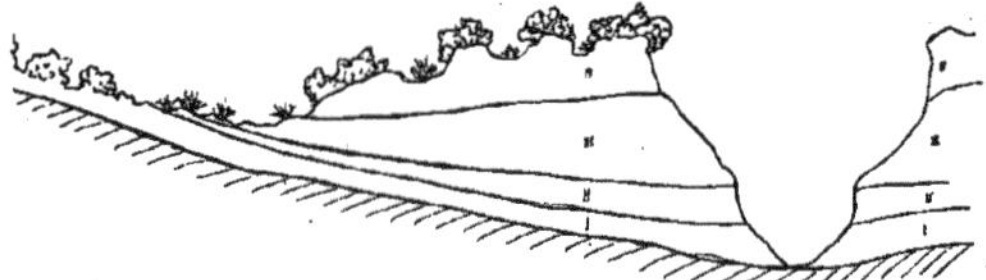

Callunetum. — II. Sphagnetum. — III. Eriophoretum. — IV. Callunetum

CHAPITRE III

LES SUCCESSIONS D'ASSOCIATIONS

Résumons les affinités évolutives des landes énumérées dans le tableau synoptique ci-dessous :

1° Marécage infra-aquatique ⟶ Prair. mouill. vall. ⟶ Tourb. à Myrica.
⟶ Sphagnetum ⟵

2° Pineraie ⟶ Tourbière à sphaignes.
⟶ Tourb. mont.

3° Pineraie ⟶ Bruy. mont. ⟶ Tourb. mont.
⟶ Lande herb.
⟶ Prair. mouill. mont. ⟶ Tourb. sphaigne.

4° Prairie mont. ⟶ Pteridetum ⟶ Bruy. mont.
⟶ Prair. mouill. mont. ⟶ Tourb. mont.

5° Bruy. mont. ⟶ Myrica.

6° Pineraie ⟶ Brousse épineuse ⟶ Bruy. plaine.

Chênaie ⟶ Sphagnetum ⟶ Bruy. mont. ⟶ Pin.

7° Pineraie ⟶ Pr. mont. ⟶ Bruy. mont.

N.-B. — L'étude très délicate de la végétation aquatique devrait former un chapitre spécial. Mais les données que nous possédons ne nous permettent aucune synthèse personnelle. Le temps nous a fait défaut pour cette partie du programme. Nous en référons à l'ouvrage de C. Schröter : *Die Vegetation des Bodensees*, et à l'esquisse fournie par W. G. Smith. *Forfar an l Fife 1905*, dont nous avons pu confirmer les conclusions générales.

Vallée de la Dee, près de Brœmar. — Forêts de pins sylvestres et de bouleaux. Les flancs déboisés sont couverts de bruyères.

TROISIÈME PARTIE

LES UNITÉS TOPOGRAPHIQUES

Comment les éléments du paysage que nous venons de passer en revue se combinent-ils à la surface des unités topographiques, telles que les vallées et les montagnes? Telle est la question à laquelle nous consacrons cette partie. En vue d'effectuer cette synthèse, nous distinguerons dans ces unités différents types produisant leurs groupements spéciaux de formations.

Dans son « échelle d'unités géographiques », Flahault[1] passe sans transition du *sous-district* à la *station*. En pratique, il y a lieu, croyons-nous, d'intercaler des échelons inférieurs au sous-district. C'est ce que nous tentons de faire ici, réservant d'ailleurs la question épineuse de la nomenclature.

§ I. — Les Carses[2].

Carses. — Rien n'est plus plaisant que le contraste entre le fertile jardin du *carse* et la grandeur plus austère du *strath* ou la désolation du *glen*.

1. Ch. FLAHAULT. *Essai de nomenclature phyto-géographique*, 1901.
2. Le nom de carse s'applique indifféremment soit à un ancien fond de mer soulevé, comme celui qui constitue aujourd'hui la plaine de Stirling; soit à des dépôts d'estuaires, comme ceux de la Tay, de la Clyde ou du golfe de Solway; soit à de petites cuvettes exclusivement fluviales, comme celles que l'on trouve à l'intérieur du pays dans les *straths* de l'Earn, de la Tay, de la Clyde, etc. Cette dernière acception est synonyme de *Howe* ou *Haugh*. C'est surtout des deux premières classes que nous nous occuperons.

Ce sont là des paysages propres à l'Écosse qui lui donnent sa physionomie et son charme et expliquent son histoire. Pour comprendre le pays, il faut d'abord se pénétrer de leur économie et de leur psychologie.

Le *carse*, plaine d'estuaire, en bordure des grands fleuves et limité par de basses collines, rappelle d'une façon frappante les Pays-Bas et les Flandres avec leurs plaines monotones et leurs lentes ondulations, leurs vergers pliant sous les fruits, leurs luxuriantes prairies de fauche, leurs bois humides, leurs canaux et fossés marqués par les peupliers noirs. Comme si la terre était trop précieuse pour être habitée au cœur de la plaine, les villes florissantes ou les gros villages se forment en ceinture autour de l'étendue fertile que parsèment les massifs de verdure des domaines privés. Çà et là, une pointe de basalte continuée par quelque massive construction baroniale troue le manteau alluvial du carse.

Le mécanisme formatoire des carses d'estuaires est identique à celui des dépôts de l'Humber, du Wash, de la Tamise et du canal de Bristol ; ou encore à ceux des polders de la Meuse et du Rhin. Qu'il nous suffise donc de rappeler que la précipitation des très fines particules colloïdales en suspension dans l'eau douce se produit immédiatement au contact de l'eau salée. L'accumulation de ce limon ou *schlick* est enrichie par les débris de la vie animale et végétale qui foisonnait dans l'eau salée comme dans l'eau douce.

Aujourd'hui le procédé d'édification des carses et deltas se poursuit avec vigueur en Écosse, comme on peut l'observer sur les bords des estuaires de la Solway, de la Clyde, de la Tay et de Cromarty (golfe de Moray).

Dans certaines limites, la végétation des carses est indépendante des variations hygrométriques de l'atmosphère. Toujours à proximité de la mer et aux points les plus bas du relief, elle est aussi relativement abritée et jouit d'une quantité illimitée d'eau tellurique. Le seul inconvénient, d'ailleurs sérieux, résulte des difficultés de drainage. La première phase du peuplement est celle des marécages. La distinction que nous avons introduite plus haut entre les marais saumâtres et les prés salés trouve ici son application. Bien que nous puissions établir sa validité par la différence de végétation, il serait prématuré, dans l'état actuel de nos documents, de chercher à lui donner une base physique. Nous pouvons seulement présumer qu'il s'agit d'une question de salinité.

L'extension rapide et constante de la bordure d'alluvions permet de suivre pas à pas la marche du peuplement. C'est d'abord une frange recouverte à marée haute et pouvant atteindre plusieurs kilomètres de largeur. A mesure que la zone intérieure s'élève au dessus du niveau ordinaire des marées, elle se divise en compartiments ou blocs, *slobs*, par des chenaux plus ou moins profonds.

Comment se détermine la répartition de ces slobs? C'est là un problème très obscur. La surface du limon saumâtre est envahie et consolidée par un feutrage serré d'algues vertes filamenteuses et de Nostocacées. Ces îlots rudimentaires correspondraient-ils aux centres de développement, de plus intense végétation de ces organismes? Il serait intéressant de vérifier cette hypothèse. Sur le feutrage, s'installent d'abord des touffes d'*Armeria maritima* qui suivent et étouffent des gazons de *Juncus Gerardi*. Dans les trous du tapis, près de la terre ferme, commencent à se propager ensuite *Ranunculus sceleratus, Caltha palustris, OEnanthe crocata, Triglochin maritimum* et quelques autres pionniers.

A mesure que se réduit la salinité du sol, les plantes d'eau douce font leur apparition avec : *Juncus acutifolius, J. glaucus, Eleocharis palustris, OEnanthe fistulosa, Glyceria fluitans,*etc. Un peu plus haut, on rencontre *Carex vulpina, Juncus effusus, Catabrosa aquatica*. Mais le sol est déjà plus ferme; *Festuca ovina, Deschampsia cæspitosa* lui font un tapis serré, piqué de touffes de *Carex vulpina* et de bouquets de *Juncus glaucus*. Le terrain est ensuite repris par la culture, ou évolue en prairie mouilleuse de vallée envahie ou non par un bois de bordure. Dès lors, l'histoire est claire et le résultat en est le chêne pédonculé.

Ces remarques s'appliquent surtout aux inflexions de la ligne du rivage où l'eau est plus calme. Mais il est un procédé plus fréquent, du moins dans l'estuaire de la Tay, c'est celui de la tourbière infra-aquatique (*Lesquereux*), identique, d'ailleurs à ce qui se passe en eau douce et assez connu pour que nous nous dispensions de le décrire en détail.

Dans les deux cas, la tendance naturelle est vers la forêt de carse à *Quercus pedunculata* dont on trouve quelques vestiges dans les parcs privés ou, comme sur la Tay, en mince bordure derrière le rideau de roseaux.

Si nous ajoutons à ces formations les bois plus légers de *Quercus sessiliflora* sur les îlots de vieux grès rouge ou de carbonifère supérieur qui pointent çà et là dans la plaine et les corbeilles de fougères, de genévriers et de sorbiers des oiseleurs suspendues aux flancs des blocs de basalte, nous aurons à peu près complété la liste des productions naturelles des carses. Des lacs aux eaux dormantes dans leur cadre de roseaux, tels que le lac de Menteith dans la plaine de Stirling, devaient être plus fréquents qu'aujourd'hui.

Le détail des transformations opérées par l'homme ne peut trouver place ici. Le drainage et l'endiguement ont entièrement changé la physionomie originale.

Dans leurs incursions en Écosse, les légions d'Agricola trouvèrent dans les marais et les forêts humides des carses des ennemis plus redoutables que les tribus calédoniennes. Pour assurer leur domination, elles furent obligées, comme dans les Pays-Bas, de détruire la végétation. Les points[1] de passage étaient peu nombreux et déterminés par les gués et les forteresses naturelles que l'on pouvait rencontrer. Le promontoire basaltique de Stirling, au resserrement du carse du Forth ; la position de Dundee à l'entrée de la plaine de Gowrie sur la Tay, le gué de Scone, sur le même fleuve, acquéraient ainsi l'importance de clés stratégiques.

Le déboisement eut des conséquences sérieuses pour l'économie future du carse de Stirling, pour ne parler que de celui-là. Ce fut, en effet, le point de départ de vastes tourbières à sphaignes qui recouvrirent l'argile d'un manteau de 6 à 8 mètres d'épaisseur et masquèrent ses qualités agricoles pendant près de quinze siècles, et engendrèrent la maladie et la pauvreté pour les populations riveraines. Il en subsiste aujourd'hui des étendues considérables dont la plus célèbre est la « Moss-Flanders ».

Bien que la richesse du sol semble destiner ces plaines alluviales à l'avenir le plus brillant, les difficultés du drainage, d'une part, et les gelées, de l'autre, imposent aux cultures certaines limites. Le sol de carse est un excellent sol à blé et à légumes robustes tels

---

1. On a retrouvé dans la plaine de Stirling les restes, en bon état, d'une route romaine allant d'un gué du Forth à un gué de la Teith, et en tout point semblable aux « log-roads », ou routes de bois des forêts des États-Unis. Les troncs employés montrent la luxuriance des forêts d'alors.

que le chou[1] et la fève. Les cultures maraîchères plus délicates peuvent être admirables dans les années sèches, mais entièrement ruinées par les années humides où le sol devient boueux. Par contre, les prairies de fauches et les pâtures à l'engrais y trouvent des conditions idéales. On y rencontre des vergers importants, des pépinières, des établissements d'horticulture. Mais les arbres ont une tendance à se couvrir de lichens et leur culture réclame un drainage qu'on ne peut toujours leur accorder.

En résumé, les difficultés de l'agriculture du carse semblent être celles de l'habitant des moërs et des polders dont l'exemple, mieux étudié, pourrait lui être de quelque service.

La prospérité des plaines d'estuaires est de date récente. Il y a un siècle et demi, ce n'étaient que des morasses où, avec une pauvreté indescriptible, régnaient la malaria et la tuberculose. Les villages riverains vivaient en grande partie des troupeaux qu'ils pâturaient sur les collines avoisinantes. Le mode de tenure du sol décourageait d'ailleurs toute initiative. Ce fut environ cinquante ans après la dernière guerre civile (1746) que se dessina le mouvement d'éveil. Quelques grands propriétaires en furent les pionniers. L'on vit des hommes entreprenants inventer pour les besoins locaux des machines hydrauliques pour laver l'argile féconde de la couverture de tourbe et évacuer celle-ci dans les rivières. En même temps, la nécessité du drainage profond faisait germer dans d'autres esprits actifs des méthodes nouvelles qui se répandirent partout, produisant des résultats admirables. Avec la prospérité, des machines agricoles furent inventées sur les lieux. Puis, le système de tenure étant plus ou moins réajusté aux besoins nouveaux, les villages s'accrurent et participèrent au mouvement.

Aujourd'hui, cependant, est intervenue une période de dépression relative où se fait sentir le besoin d'une réadaptation aux conditions économiques modernes. C'est d'ailleurs là une application particulière d'un problème plus général.

---

1. La ville de Dingwall sur le fjord ou firth de Cromarty (golfe de Moray), et centre d'un carse fertile était connue sous le nom de « *cité des choux* », dénomination qui, empruntée à la nature des cultures avoisinantes, voulait aussi, dit-on, faire allusion au caractère des habitants. (Voir *N. Statist. Accounts.*)

§ II. — **Straths (Partim)** [1].

La nomenclature celtique réserve le nom de *strath* à une large et basse vallée, dans un cadre de collines ou de montagnes. Mais il faut convenir que l'application de ce terme est pleine d'incohérence et d'indécision. Tantôt elle empiète sur le *glen*, vallée profonde et étroite, tantôt sur les vallées des plaines ou « lowlands ». L'origine géologique n'est pas moins variée que le type physionomique. Aussi serions-nous tentés de renoncer à faire d'éléments si hétérogènes la base d'aucune conclusion, s'il ne restait la ressource de restreindre provisoirement, et faute de meilleur terme, l'acceptation trop compréhensive du mot, prévoyant d'ailleurs les critiques auxquelles nous nous exposons et forcés de braver les traditions locales aussi ombrageuses que peu précises.

Sont donc appelés *straths*, dans les cas cités ici, les basses et larges vallées ou tronçons de vallées correspondant aux sections *divagantes* des rivières. Le *glen* correspond très généralement à la *rivière torrentielle*. Le *carse* est la partie d'estuaire. Le *strath* a une pente de thalweg inférieure à 2,5 pour 1000. La pente de la rivière, dans le *glen*, restera au-dessus de ce chiffre. En d'autres termes, le *strath* devient la section de déposition; le *glen*, la section d'érosion active. Malgré le nombre des cas douteux, nous avons trouvé la distinction très acceptable en pratique. La physionomie de ces vallées inférieures des terres hautes, est celle de plaines ondulées longues et étroites (4-15 kilomètres) déprimées

[1]. Les straths que nous avons en vue ici sont surtout les basses vallées de l'Earn, de la Tay en aval de Dunkeld; de l'Isla, en dessous d'Alyth; de l'Esk en aval de Cortachy; du North-Esk en aval d'Edzell; de la Dee, à partir de Ballater; de la Don en dessous d'Alford; le Strath Bogie, de Lumsden à Huntly; le Strath Spey; le Strath Nairn; les straths Glass, Conon, Orrin; le Strath Bean en dessous de Garve; les straths Carron et Oykell; enfin le Strath Brora à partir du confluent de la « *Black Water* », le Strath Ullie à partir de Kildonan. Cette sélection, qui pourra sembler arbitraire, est, pensons-nous, justifiée par la définition que nous donnons et la nécessité de créer un type moyen suffisamment large, mais suffisamment précis. Le présent article est basé sur l'étude des vallées énumérées, ainsi que sur celle de quelques vallées de la partie sud de l'Écosse. C'est pourquoi nous avons cru nécessaire de faire une réserve dans le titre. Nous serons heureux si le lecteur trouve moyen de généraliser encore. Mais nous rejetons toute prétention de le faire nous-mêmes.

suivant l'axe, dans un cadre de hautes collines ou de montagnes.

La nature du sol ainsi que son modèle doivent à l'action glaciaire une variété que ne lui imprimeraient point les agents atmosphériques ordinaires.

Au point de vue de la végétation, c'est par le remaniement radical des couches meubles primitives que cette influence est réellement importante. Il subsiste d'abord de la période de grande glaciation l'ubiquiste « *Boulder Clay* » ou argile glaciaire correspondant à la très contestée « Grund-Moräne » des grandes vallées de la Suisse. En raison de la faible échelle à laquelle les mouvements de la glace se sont effectués en Grande-Bretagne, ces dépôts portent, comme on le sait aujourd'hui[1], un cachet d'origine locale. Ils varient, sans qu'on ait pu encore établir la loi de distribution, depuis les argiles grises extrêmement compactes, jusqu'aux lehms sableux ou les graviers.

Aux dernières phases, sont dus les dépôts des petits glaciers de vallées et des rivières glaciaires sous forme de terrasses et de moraines frontales et latérales. Dans le Strathspey, courent de chaque côté, depuis le confluent de la rivière Truim jusqu'au pont de la Nethy, des terrasses irrégulières dominant de 20 à 30 mètres le niveau de la rivière. Ce sont, d'après les interprétations les plus récentes[2], les dépôts de sable et de gravier laissés par les torrents circulant entre les bords d'un glacier et les flancs de la vallée. En certains points, les apports similaires mais mieux nourris des vallées latérales des Grampians furent poussés sur toute la largeur du strath. La fonte du glacier principal fournit un thalweg plat d'un à deux kilomètres de large. Dans les vallées tributaires, les moraines latérales et frontales jouent un rôle topographique important, jetant des barrages et créant des lacs temporaires ou permanents.

Ailleurs, comme dans les straths Nairn et Findhorn, les moraines s'étagent sur les flancs des collines, tandis que les vestiges de grands lacs subsistent sous forme de plaines.

En résumé, partout s'étalent les dépôts irréguliers de gravier, de sable et d'argile, parsemés de cuvettes, de mamelons, et des

---

1. Geikie (A.). *Scenery of Scotland*, 1900 et autres ouvrages. Voyez aussi les travaux de J. Geikie.

2. *Summary of Progress. Geological Survey*, 1897. M. Hinxman.

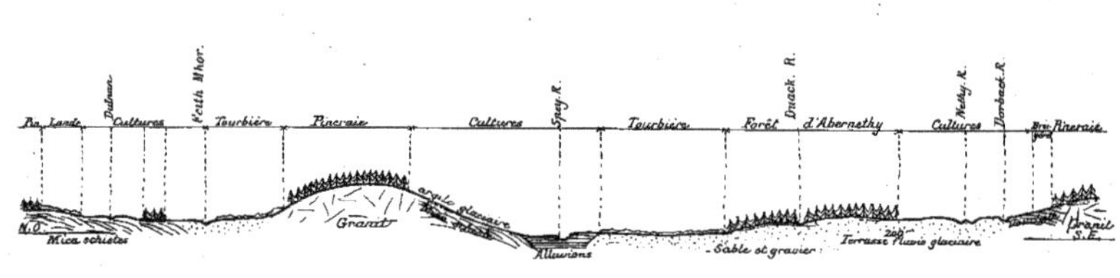

Ben Lande
Pâturage
Cultures
Keith Mhor.
Tourbière
Pineraie
Cultures
Spey R.
Tourbière
Druack R.
Forêt d'Abernethy
Nethy R.
Dorback R.
Cultures
Bois-Riverain.
N.O.
Mica schistes
Granit
argile glaciaire
Alluvions
Sable et gravier
Terrasse fluvio glaciaire
Granit
S.E.

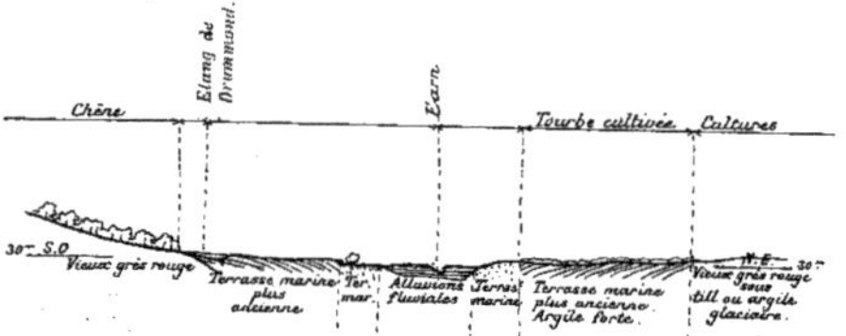

Chêne
Etang de Drummond.
Earn.
Tourbe cultivée
Cultures
30° S.O.
Vieux grès rouge
Terrasse marine plus ancienne
Ter. mar.
Alluvions fluviales
Terras marine
Terrasse marine plus ancienne Argile forte.
Vieux grès rouge sous till ou argile glaciaire.
N.E. 30°

croupes de « *Kames* » ou « *ösars* ». Les actions atmosphériques ultérieures ont encore remanié le sol et la topographie, produisant une variété considérable.

Il existe, en général, dans le fond de la vallée, un *haugh* ou *howe* alluvial fertile passant, de chaque côté, soit à de fortes argiles, soit à des sols légers bordés de moraines. Voici d'ailleurs quelques profils en travers schématiques.

Sur l'argile alluviale, la population végétale primitive, que l'on retrouve à beaucoup d'endroits, a débuté par toutes les nuances des marécages infra-aquatiques et des prairies mouilleuses de vallées. Avant que les rivières postglaciaires eussent creusé leur lit suffisamment profond pour offrir un terrain convenable à la végétation arborescente, l'on eut donc les prairies à *Deschampsia flexuosa*, ou à *Juncus articulatus* et *communis*, ou bien encore des prairies à *Carex*, à *Molinia*, à *Eleocharis palustris*, etc. C'est là du moins l'histoire que racontent les repeuplements naturels qui se forment aujourd'hui, en semblable situation. A la suite des divagations et du creusement des lits, ainsi que de l'exhaussement dû aux couches successives laissées par les inondations, peut-être aussi par l'assèchement lent produit par les bois de marécages, le sol devint favorable aux forêts de chêne pédonculé, bien adapté à cette situation et que l'on déterre de temps à autre [1].

Il se peut que, çà et là, ces prairies mouilleuses et infra-aquatiques aient passé aux tourbières à sphaigne ou à *Eriophorum*. On rencontre de beaux exemples de ces morasses dans la vallée de la Spey et dans le Strath Earn. Mais on peut douter de la spontanéité de ces formations.

Quant aux terrasses fluvio-glaciaires, à sol léger, on ne peut faire sur leur histoire que des conjectures. Ce furent, à n'en point douter, d'excellents terrains à pin sylvestre, comme le montrent les grandes forêts d'Abernethy et de Rothiemurchus (Spey). Tout porte à croire que les talus, aujourd'hui abandonnés à la bruyère furent autrefois couverts de forêts semblables. Les variétés lourdes d'argile glaciaire constituaient, jusqu'à 275 mètres au moins, des stations propices au *Quercus sessiliflora* et autres feuillus. Nous en avons quelques vestiges sur les bords du lac de Laggan, et la

1. Les *New Statistical Accounts* font mention de quelques-unes de ces découvertes.

prospérité des plantations anciennes, soit dans les straths de la Tay et de l'Earn, soit dans celui de la Dee ou de la Don, du Glass ou du Conon, rendent extrêmement probable la spontanéité des forêts de feuillus sur ces argiles glaciaires. Comme nous le ·voyons ailleurs, les archives du moyen âge font mention, dans ces larges vallées, de forêts étendues dont on ne retrouve aucune trace.

Après le déboisement général, une bonne partie des straths fut mise sous culture. Tel fut, en particulier, le sort des petits *carses* fluviaux, *haughs* ou *howes*. Les céréales, les prairies de fauche ou à l'engrais s'adaptaient très bien à ces situations. Mais il s'en faut que l'on trouve aujourd'hui la totalité de la surface arable en pleine prospérité. Très fréquent est le spectacle de tourbières à *Eriophorum*, à *Juncus*, *Carex* et *Phragmites*, usurpant la terre fertile. Elles ne sont d'ailleurs pas dépourvues de toute utilité, si l'on en peut juger d'après la sorte de culture à laquelle elles sont soumises. La plus grande partie des terrasses fluvioglaciaires qui couvrent le Strath Spey, avec leurs cuvettes et leur irrégularité, semblent abandonnées aux marécages et subissent des phases alternées de bruyère et d'*Eriophorum*.

Quant aux terrasses longitudinales, aux moraines, aux *Kames* ou *ösars*, elles présentent l'aspect désolé des landes de callune ou herbeuses. Depuis, cependant, que les propriétaires ont commencé à mieux comprendre leurs intérêts, les plantations se sont multipliées avec grand succès. Elles consistent surtout en conifères.

En résumé, l'exploitation des straths exhibe donc de singuliers contrastes de prévoyance agricole et de négligence coupable. Il est probable qu'un système de tenure moins féodal produirait les améliorations nécessaires.

§ III. — Glens.

Ainsi que nous venons de le dire, le « glen » est une vallée longue, étroite et plus ou moins profonde, correspondant à la *rivière torrentielle* dont la pente reste supérieure à 2,5 pour 1000. En d'autres termes, il comprend la partie d'érosion et de transport torrentiel. Si, dans le domaine oriental, les glens s'ouvrent fré-

quemment en des straths de même nom ou de nom différent,
dans l'ouest ils aboutissent directement aux fjords pittoresques
qui échancrent la côte ou aux lochs d'eau douce séparés de
l'Atlantique par un simple bourrelet, comme les lacs Maree, Morar
et Shiel. On pourrait aussi séparer ces vallées en deux types :
dans le premier seraient compris les glens provenant de *corries*
ou entonnoirs, cirques de tête. Ce type présente des exemples
imposants dans le massif des Grampians. Que deux glens, mar-
chant à la rencontre l'un de l'autre, finissent par se prolonger en
un col à basse altitude, ils engendrent alors le type à double
entrée si fréquent dans le domaine occidental. A notre point de vue
géobotanique, la distinction n'a pas d'importance. Un coup d'œil
à la carte révélera l'abondance des « lochs de glen » dont les chapelets occupent parfois la plus grande partie des vallées de l'ouest.

L'influence glaciaire n'a pas été moins puissante ici que plus
haut. Mais l'érosion joue un rôle plus important et les dépôts ont
été souvent remaniés radicalement par les torrents de la période
contemporaine. Les moraines, soit en étages le long des flancs,
soit par leurs barrages transversaux, donnent cependant un caractère particulier à la topographie.

Sur les pentes, s'étendent souvent les manteaux de *Boulder-Clay*.
Dans les Glens Spean et Roy, s'observent les curieuses terrasses[1]
connues sous le nom de *Parallel Roads*, laissées par les lacs temporaires que formèrent des barrages de glaciers transversaux.

La partie alluviale est, à tout prendre, peu importante dans les
glens. Les dépôts sont plus grossiers que dans les straths et consistent en cailloutis, sables et formations argilo-siliceuses. Voici
quelques profils en travers.

Profils en travers de quelques glens.

Glen Nevis.

____

1. *Memoirs of the Geological Survey. Summary of Progress.* On observe de
semblables terrasses à Achnasheen (Strath Bran, N.-W.), et sur le Loch Laggan
(Centre)

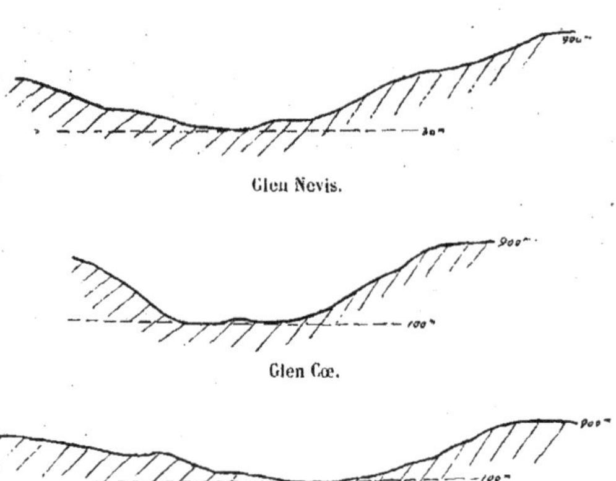

Glen Nevis.

Glen Cœ.

Glen Speay.

Glen Strae.

Les Glens font encore partie de la zone du chêne ; mais leur végétation revêt un caractère plus montagneux. Dans le sud-ouest, les feuillus jouent un rôle prépondérant, comme on pourra s'en assurer sur la carte. Dans l'est, au contraire, la forêt de pin domine. A côté des raisons de climat que nous avons données, il faut, sans doute, admettre la nature plus siliceuse des terrains des Grampians, due à l'abondance du granite et des quartzites. L'argile glaciaire elle-même est, d'après ce que nous avons pu voir, plus siliceuse. Les roches dominantes du domaine occidental donnent plus volontiers des terres argileuses.

1. — Le profil le plus simple est celui des gorges dont les flancs raides se couvrent de chênes vers le bas et de pins vers le haut. Le sol est peu profond ; la roche perce partout. C'est le type des gorges de Killiecrankie dans le Glen Garry d'Athole. S'il est vrai que les forêts y sont plantées, elles montrent, du moins, les limites des possibilités naturelles si souvent abaissées par les partisans du *statu quo* dans les *Highlands*.

2. — Une forme plus ouverte du précédent s'observe dans beaucoup de Glens latéraux où les pentes descendent uniformément de chaque côté vers la rivière. Les dépôts alluviaux sont donc nuls. Le cours d'eau est frangé d'aunes et de bouleaux auxquels succèdent les chênes ou les pins. Le plus souvent leur place est prise par des pâturages de montagnes, dont le drainage est suffisant pour les empêcher de devenir mouilleux. Mais alors, d'autres formations entrent en ligne. Ce sont les *fougères* ou *Bracken* et, dans l'est, les landes de *callune* qui ont vite conquis les terrains siliceux. Çà et là, le repeuplement spontané s'accuse dans les plaques de genévriers ou les bouquets de bouleaux. Il subsiste parfois des vestiges de pins sylvestres. Plus haut s'étalent les pentes ruinées.

3. — Si le fond s'élargit en cuvette, on le voit peuplé, soit de prairies à *Carex* et à *Molinia*, soit de tourbières à *Eriophorum*. Mais les cultures d'orge et d'avoine peuvent aussi trouver place pour les besoins locaux. Si le sol est trop siliceux (Glen Orchy), la callune envahit la place que la nature avait réservée au pin sylvestre. Les bouleaux peuvent aussi s'y semer aisément. Que le terrain soit argileux (sur les pentes inférieures), c'est la prairie mouilleuse à *Deschampsia cæspitosa*, ou le marécage à *Scirpus cæspitosus*. Dans l'ouest c'est encore les marécages à *Myrica Gale*. Les Glens de l'Argyllshire portent cependant de beaux bois de feuillus mêlés de conifères. Le Glen de la Dee, aux environs de Brœmar, possède une plaisante combinaison de cultures de montagnes et de forêts de résineux et de bouleaux. Du golfe de Moray au Loch Linnhe, à l'ouest du grand canal, les Glens Arkaig, Garry, Moriston, Affrick, Farrar, etc., comptent parmi les plus remarquables des hautes terres pour leurs bois étendus. La culture y tient peu de place. Leurs lacs possèdent des marécages infra-aquatiques du type montagneux. Mais les tourbières y sont limitées. La richesse de ces glens, qui ne jouissent d'aucun avantage spécial, est entièrement due à l'intelligence de leurs propriétaires.

4. — Le Glen Spean, en amont de Tulloch (dans le prolongement du Strathspey), pourrait constituer un type spécial en raison de l'étendue de ses terrasses fluvio-glaciaires bien drainées où la rivière a creusé son lit jusqu'à la syénite basale. Que ces plates-formes argilo-siliceuses aient été couvertes de forêts, c'est ce dont témoignent les nombreux vestiges de pins.

Après le déboisement radical, les landes de callune et les tourbières se sont partagé les irrégularités de la surface et présentent l'aspect de toundras, tandis que sur les faibles pentes argileuses qui raccordent les terrasses aux flancs des montagnes, les formations de fougère aigle de *Myrica Gale*, de bruyère mouilleuse à *Tetralix* et de callune, en chaude concurrence, triomphent, chacune à leur tour, au gré des conditions locales. Les montagnes offrent de maigres pâturages.

La variété des profils intermédiaires est si grande qu'il serait vain de vouloir les analyser. Nous nous en tiendrons à ces quelques types qui résument assez bien les aspects les plus communs.

§ VI. — Les montagnes.

Nous l'avons vu au début : les montagnes sculptées par l'érosion superficielle dans le bloc du plateau primitif des hautes terres montrent deux types généraux bien distincts, qui, au point de vue végétal, ont leur importance. Le type le moins évolué, le plus jeune, est celui des Grampians avec ses larges tables faîtières.

Sans lui, la flore des plateaux alpins occuperait en Écosse une place bien restreinte ; car les sommets du second genre ou du domaine occidental sont soumis à une érosion trop puissante pour permettre à la végétation de prendre pied. Au surplus, au lieu des grands blocs massifs des Grampians dont les traits ne sont encore qu'ébauchés, les sommets de l'ouest s'arrangent en chaînes bien définies, dont chaque pic est distinct. Que l'érosion soit poussée plus loin et les pics se détachent complètement et s'isolent. Tels sont le Quinaig, le Canisp, le Suilven et les autres monts de la zone torridonnienne, certainement les plus frappants de toute l'Écosse. La structure géologique dirigeant le travail de modelage imprime à chaque montagne sa physionomie personnelle dont l'action glaciaire a revu le détail des traits. Enfin la végétation a ajouté à cette variété de délicates nuances de patine.

C'est peut-être sur les bords du Loch Maree (N.-W.) que l'impression de grandeur et de désolation est la plus forte.

Qu'on s'imagine un bloc de rocher de 1000 mètres de hauteur, absolument dénudé de la base au sommet prolongé, presque doublé dans les eaux sombres du loch. C'est le « Slioch ». En y regardant de plus près, on finit par trouver des plaques de végétation perdues dans la masse. C'est, tout au pied, une mince frange de taillis feuillus probablement spontanés où se mêlent bouleaux, sorbiers des oiseleurs, coudriers et pins sylvestres. Cette bordure passe en une zone d'herbages maigres et de fougères aigles. Plus haut encore, c'est l'entassement des roches nues, dont les anfractuosités, fissures et paliers servent de refuge à quelques Graminées, fougères, Alchemillas et Saxifrages.

Les faux éboulis de cailloutis qui s'étalent en éventail, sont parfois envahis de l'*accinium Myrtillus* et *Vitis Idrea* et de mousses.

Est-ce là une ruine spontanée et perpétuée depuis l'âge des glaciers? Il nous est permis d'en douter. La roche de gneiss à amphibole, de grès torridonnien et lewisien forme, dans les cuvettes, un sol de bonne qualité. Tout porte à croire qu'il s'agit de la ruine systématique par le mouton et le cerf. Étant donné les conditions atmosphériques, les difficultés qu'éprouverait ici le forestier reboiseur n'approchent point de celles que présentèrent les rascles du mont Ventoux ou les flancs dévastés des Alpes et des Pyrénées.

Les colosses solitaires du Quinaig et du Ben Lioch offrent un type géobotanique un peu différent. Le Quinaig est assis sur une base de gneiss lewisien très pauvre, montant en lentes ondulations.

Là s'observent toutes les variétés des tourbières à *Eriophorum* et à *Narthecium ossifragum* d'où émergent des mamelons de haute callune. Les pentes s'élèvent plus rapidement en escaliers de poudingue torridonnien en couches horizontales. Les faces verticales de ces paliers sont absolument nues, tandis que les plates-formes portent quelques touffes d'herbes et de bruyères. La roche se débite en agates de toutes dimensions constituant un gravier très infertile. Aussi les affleurements sont-ils entièrement dépourvus de sol et de végétation. Vers le haut se déploie, sur des flancs très raides, une zone d'airelles myrtilles d'un vert brillant. La calotte de falaises quartzitiques qui surmontent le tout est nue comme si elle venait d'être exposée au jour.

Le Canisp et le Suilven (N.-W.) présentent un aspect analogue mais plus régulier où une zone étroite de pâturages de montagnes succède à la prairie mouilleuse basale.

Passons par-dessus toute une série d'aspects intermédiaires tels qu'en fournissent les montagnes des gneiss et schistes de Moine pour arriver à un paysage moins désolé.

La chaîne de Balquhidder, dans le comté de Perth, va nous servir d'exemple. C'est un massif de micaschistes avec affleurements de calcaires et de schistes à hornblende. Le long des rives du Loch Voil, on observe une rangée irrégulière de plantations de chênes et de pins sylvestres parmi lesquelles sont disséminées les habitations. Derrière la mince ligne de petites fermes, s'étendent les pâturages en assez bonne condition, sous gazon serré et ras, étoilé d'ajoncs ou de genêts.

A mesure que l'on s'élève, la fougère aigle se multiplie jusqu'à former des landes drues, qui font le désespoir des bergers. Le sol y est soulevé, le gazon déchaussé, sous le couvert s'abritent les plantes de la forêt. Vers 400 mètres, on est au-dessus de cette zone et en bons pâturages de montagnes, où ne manquent cependant pas les herbes acides. Avec l'altitude et l'inclinaison, augmente l'irrégularité du tapis, jusqu'à ce que l'on atteigne les bords de la calotte tourbeuse qui couvre les sommets. Celle-ci est découpée en blocs et ravins, avec, çà et là, un îlot dénudé ou une cuvette de fange impraticable et inhabitée.

Les montagnes du Loch Lomond et surtout le Ben Lawers, précieux aux collectionneurs, sont des variantes plus fertiles de ce type à herbages. Ce dernier possède de belles prairies alpines avec landes faîtières et falaises où semblent s'être donné rendez-vous les spécimens les plus rares de la flore écossaise.

Nous ne reviendrons point sur le caractère des montagnes de basalte des îles de l'ouest.

Les Grampians offrent surtout des landes de bruyères, des pentes avec terrasses tourbeuses, jusqu'à ce que l'on atteigne des altitudes de 700 mètres où dominent les *Vaccinium Myrtillus* ou les landes herbeuses mixtes. Mais il se mêle ici, comme nous l'avons vu, une petite proportion de forêts résineuses dont les plus belles ornent la vallée de la Dee. La variété de conditions qu'offre le substratum de ces bois démontre à l'évidence que les déserts d'arbrisseaux ne doivent leur existence qu'à l'activité et à la tolérance des propriétaires. Partout se montre l'effort spontané de la régénération. L'affleurement de schistes à amphiboles et hornblende introduit çà et là dans les zones élevées des herbages prospères[1].

1. La végétation des innombrables lacs constitue à elle seule une étude que nous n'avons pas été en mesure d'entreprendre.

Effets d'une mise en défends. — Gorges de Killiecrankie (S.-E.).

QUATRIÈME PARTIE

LA VÉGÉTATION ET L'HOMME[1]

CHAPITRE I

LES GRANDES DIVISIONS

La végétation est, dans la plupart des cas, le véhicule des influences climatiques, topographiques et géologiques. Aussi est-il impossible de séparer radicalement son action de celle des autres facteurs dont elle est l'expression synthétique. Nous serons donc forcés d'empiéter souvent sur les domaines contigus de la géographie physique et agricole, d'une part; des sciences historiques, économiques et sociales, de l'autre. Peut-être les spécialistes trouveront-ils dans ces quelques pages des matériaux nouveaux pour leurs synthèses partielles. Afin d'être complets, nous serons aussi obligés de répéter des faits bien connus. Les éviter est impossible. Notre prétention n'est, d'ailleurs, point d'expliquer tout par la végétation ou les influences physiques. Mais c'est le devoir du phytogéographe d'éclaircir le terrain des relations entre la synécologie végétale et la synécologie humaine ou sociologie.

1. Comme introduction ou plutôt comme complément à cette partie, nous ne pouvons que recommander la lecture du très intéressant article de CH. DE CALAN : *Les Highlanders* dans la *Science Sociale*, vol. XIX, 1895. Ce vivant exposé de la situation économique et sociale de la population des hautes terres s'applique presque exclusivement à notre domaine occidental et aux iles. Les couleurs sous lesquelles l'auteur dépeint le caractère du Highlander sont, à notre avis, fortement mêlées de noir et nous ne pouvons souscrire entièrement à ses conclusions. La liste bibliographique est bonne. Nous y ajouterons les « *Statistical Accounts of the parishes of Scotland* ».

§ I. — **Highlands et Lowlands.**

La première grande division à établir est celle des hautes et des basses terres, *Highlands* et *Lowlands*. Elle a été si bien mise en valeur par *Sir Archibald Geikie* que nous nous dispenserons d'y insister. Dans le temps comme dans l'espace, cette distinction fondamentale se traduit dans tous les domaines de l'activité humaine[1]. Résumons sous forme de graphique quelques-uns des multiples aspects de ce contraste avec toutes les réserves que comporte toute classification biologique ou sociale.

	Highlands.	Lowlands.
	Pins et pâturages.	Chênes et marais.
	Chasseurs et pasteurs.	Agriculteurs et voyageurs.
	Grande propriété.	Moyenne et petite propriété.
	Celtes.	Teutons.
	Cavaliers.	Covenanters.
(xvi⁰ et xvii⁰ siècles)	Catholiques.	Protestants.
Barde, ex. :	Ossian-Macpherson.	R. Burns.
	Soldats.	Financiers et économistes.
	Gaélique.	Dialecte lowlandais.

L'opposition se poursuit d'ailleurs sur le terrain de la littérature, de la musique, de la danse, du vêtement, de l'habitation, aussi bien que par les grands hommes, par le caractère[2], etc. Elle se trahit encore dans les bestiaux, les chevaux, porcs, etc.

§ II. — **L'Est et l'Ouest.**

Nous bornant maintenant aux hautes terres, nous avons décrit en détail les différences de climat, de sol et de végétation qui séparent le domaine occidental de celui de l'est.

1. On trouvera, à ce sujet, d'intéressantes statistiques dans la série d'articles publiés par G. Stronach dans la *Scottish Review* (1905). Déplorons cependant qu'avec toute la peine que s'est donnée l'auteur, il ait adopté pour base de ses statistiques les circonscriptions administratives, rendant ainsi son recensement impropre à toute conclusion scientifique, le frappant d'avance de stérilité.

2. Voyez Walter Scott : *Les Puritains d'Écosse, Rob Roy*, etc.; R. L. Stevenson : *Kidnapped*; Neil Munro : *John Splendid*, etc.

F   retentit enfin dans les affaires ecclésiastiques d'aujourd'hui.

Rappelons seulement que l'agriculture et la sylviculture peuvent jouir dans les Grampians d'une importance considérable, tandis qu'à l'ouest, les pâturages, s'ils sont améliorés par le reboisement, deviennent excellents. La population de l'est, dans les grandes vallées et avec son sol agricole, sera toujours plus abondante; les villes plus nombreuses et plus importantes. Le développement des chemins de fer enlèvera à l'exploitation des forêts son plus grand obstacle : les difficultés de transport.

Dans l'histoire, la séparation du domaine pluvieux et du domaine sec ne s'accuse pas moins. D'une part, les hautes terres occidentales sont moins accessibles; le climat n'y est point favorable à l'agriculture, surtout aux céréales: la plate-forme arable y est réduite le plus souvent aux rivages de 25, 50 et 100 pieds laissés par les exhaussements successifs du pays. La pulvérisation en clans s'y est accentuée. L'autorité des chefs y était puissante et en conséquence la misère plus profonde. Les influences extérieures pénétrèrent avec plus de difficulté. La Réforme s'y établit avec lenteur et un succès relatif. Par contre, c'est des côtes nord et ouest que partirent les grands mouvements d'émigration plus ou moins spontanée[1]. C'est encore l'ouest qui fournit surtout son contingent d'immigrants à Glasgow et autres grandes villes.

L'histoire du domaine oriental est beaucoup plus mêlée à celle de la plaine qui la pénètre jusqu'au cœur et de toutes parts. Là aussi, les mouvements de reboisement et de régénération trouvèrent un écho[2].

CHAPITRE II

LES ZONES DE VÉGÉTATION

Afin de mieux comprendre l'Ecosse, il est de toute nécessité d'approcher son étude de ce côté, de considérer en deuxième ana-

---

1. Par exemple, les évictions du Sutherlandshire.

2. Tout récemment, un seigneur de l'est, le marquis de Breadalbane, a consenti à subdiviser ses fermes et à encourager l'installation de petits tenanciers. Des tentatives plus anciennes eurent lieu aussi dans le Sutherlandshire du sud-est.

lyse la succession des zones ayant chacune leur climat, leur sol, leur végétation spontanée, leurs produits économiques et leur population avec ses occupations, sa distribution, son caractère et son histoire. Cette méthode a été établie en principe, depuis de longues années, par *P. Geddes* qui l'a exposée dernièrement dans un article intitulé : *Civics as applied Sociology*[1]. Vérification faite, nous avons trouvé que cette synthèse s'applique presque en chaque point du pays.

§ 1. — **Zone maritime.**

Le développement complet d'un profil altitudinal comporte, à partir de la mer, une zone étroite soumise à l'action des vents et du sel. Dans la saison végétative, la température est aussi plus basse qu'à l'intérieur. Les brouillards froids et humides du nord-est y sont fréquents. L'agriculture y est donc moins favorisée. Les forêts n'y prospèrent point, en général, ou n'y ont qu'une valeur de protection,

Comme nous l'avons vu, cette zone est bordée de falaises sur la plus grande partie de la ligne de côte. On y voit souvent les traces des terrasses de « 100 et de 50 pieds » qui constituent le terrain de culture.

Là où se développent les dunes, elles sont dangereuses comme à Culbin (golfe de Moray) et à la pointe de Rattray (près de Peterhead). Le sol est partout poreux et sableux. Sur les dunes, il donne spontanément les peuplements de *Psamma, Carex arenaria, Triticum junceum*, etc.

Lorsque cette première couverture a quelque peu fixé le sable, la bruyère en prend possession. Ou bien ce sont des pelouses ou « *links* » de *Festuca rubra, Lotus corniculatus, Galium verum, Festuca ovina*, avec des bouquets d'ajoncs ou « *whin* » (*Ulex*). Les terrasses portent surtout des prairies rases similaires ou des broussailles d'*Ulex europœus, Sarothamnus scoparius, Genista anglica*, etc., au milieu desquels peuvent se semer des pins sylvestres.

Le varech de *Fucus* et de *Laminarias* constitue ici un engrais approprié et permet le développement de la culture des pommes

1. *Sociological Papers — London Sociological Society*, 1905.

de terre précoces, de carottes et même de prairies à foin (*Lolium italicum*) ou à lupin.

A proximité des grandes villes, le filtre naturel de ces terrasses se prête admirablement à l'utilisation des eaux d'égouts. C'est ainsi qu'à proximité d'Edimbourg, on a pu voir se transformer les prairies de Craigentinny, autrefois improductives.

Mais c'est surtout de la pêche et du commerce maritime que la zone côtière tire son importance. Les ports se logent dans toutes les échancrures des falaises. Quelques-uns ont une importance considérable : tels sont Thurso et Wick, Aberdeen, Dundee et Leith pour le commerce de la mer du Nord et les pêches arctiques. D'autres sont plutôt, et ont été à l'origine, affectés à la pêche locale : Helmsdale, Cromarty, Inverness, Burghead, Lossiemouth, Banff et Macduff, Cullen, Fraserburgh, Peterhead, Stonehaven, Montrose, Arbroath, etc. Là aussi sont les centres de population. Au lieu d'agglomérations on rencontre fréquemment, le long des terrasses ou *raised beaches* de longues rues d'habitations isolées, de formation naturelle ou artificielle. (Caithness et Sutherland.)

§ II. — **Zone des « carses »**.

En deçà de la première, et d'ailleurs très morcelée, se développe la zone fluvio-marine ou des estuaires. Elle est représentée, entre autres, par les carses de Solway, de la Clyde et du Forth, de la Tay, du South-Esk, de la Dee, du golfe de Moray, etc. Nous avons décrit ailleurs les propriétés physiques et biologiques de ces dépôts d'estuaires. Nous n'y reviendrons pas. Au point de vue de la culture, on pourrait presque nommer cette bande, la bande maraichère et horticole.

Les habitations humaines y sont groupées en villes, ou gros villages de bordure ou occupant des îlots de terrain ancien. En ceinture, se trouvent Renfrew (Clyde), Bridge of Allan, Alloa, Clackmannan, Falkirk (Forth), etc. Sur des îlots au milieu des marécages, ont pris naissance Longforgan, Inchture, Errol (Tay), Stirling (Forth), etc.

Des considérations d'ordre stratégique ont joué ici un rôle important; nous l'avons indiqué plus haut. La situation de ports intérieurs et de marchés accrut l'importance de villes têtes de carses comme Perth, Stirling, Alloa, etc. En raison du très moderne développement des carses, ces marchés servaient surtout à l'échange entre les produits de l'intérieur et ceux de la zone maritime. Mais il est possible qu'aujourd'hui ils soient appelés à jouer un plus grand rôle comme intermédiaires locaux entre les estuaires eux-mêmes et l'intérieur.

§ III. — **Zone agricole.**

En pratique, cette zone comprend aussi les grands straths tels que ceux de l'Earn et de la Tay, Strathmore, la vallée de Dee et une bonne partie du Strathspey, etc. Sur une notable portion de cette aire, le déboisement eut pour conséquence la formation de tourbières. Mais ce n'en fut pas moins et par excellence la zone de plus grand rendement agricole et des céréales.

Les agglomérations humaines montrent ici encore des relations bien nettes avec la végétation spontanée et actuelle. Et d'abord, les rivières traçaient les lignes de communication naturelles et divergentes des pôles montagneux jusqu'à la mer. Au milieu du labyrinthe des forêts et des tourbières, leur signification était énorme, abstraction faite de toutes autres considérations. Les agglomérations distribuées dans les vallées en marquaient les nœuds importants. A la périphérie, nous trouvons le cordon des points terminus de la navigation fluviale et côtière, marchés tout indiqués entre le monde extérieur et les produits indigènes, entre le pêcheur et l'agriculteur. Ainsi se développent Beauly, Bonar-Bridge, Forres, Elgin, Fochabers, Ellon, Brechin.

Plus haut, les ganglions sociaux sont déterminés par les petites plaines alluviales, *carses*, *howes* ou *haughs*, offrant de bonnes terres arables que les moines savaient si bien choisir pour emplacements de leurs colonies. A cette catégorie peuvent se rattacher Rothes, Keith, Huntly, Turriff, Strichen, Inverurie, Culter, Alford, Methven, Fowlis, et tant d'autres.

Du côté de la montagne, les agglomérations se placent à l'entrée des vallées où se créent naturellement des marchés entre l'agriculteur et le pasteur; où se fondent les premiers noyaux d'industries textiles. Parmi ces villes et villages, clés de glens, citons Callander, Comrie, Crieff, Dunkeld, dans le comté de Perth; Blairgowrie, Alyth, Kirriemuir, Edzell, dans le Forfarshire; Ballater, Aboyne, Strachan, sur la Dee; Huntly, Dufftown, etc., dans la grande plaine; Kingussie, Aviemore, Nethybridge, etc., dans le Strathspey; Evanton, Alness, etc., plus au nord.

Outre les agglomérations, se remarquent les formations lâches, soit rudimentaires, soit rétrogrades, d'habitations éparpillées; groupements sans liens, sans organisation, des cabanes des travailleurs agricoles de rang inférieur, à peine au-dessus du niveau des serfs et nommés *cotters*. Ce sont les « cottartowns » ou *cottertowns* de la vallée de la Spey, profitant souvent des *howes* ou *haughs*; formations sociales de décadence. Nous les retrouvons plus lâches et plus dégénérées encore sur les territoires stériles, froids et humides des tourbières où, sur les cartes au 126 000ᵉ déjà, leur aspect frappe dès l'abord. Partout où nous observons ces étoilements de huttes, nous sommes assurés que la toponymie trahira la présence de tourbe. L'inspection sur le terrain corrobore infailliblement les présomptions.

§ IV. — **Zone pastorale.**

C'est la zone de l'*avoine*, d'après la nomenclature de *R. Smith*. Elle s'étend aux collines basses et avant-monts ainsi qu'aux pentes inférieures des massifs montagneux.

La température s'est abaissée. La précipitation et l'humidité atmosphérique ont augmenté. Le sol n'a plus la même qualité. Il est plus grossier, plus léger, moins riche.

La végétation spontanée consiste en forêts de chênes jusqu'à 275 mètres d'altitude au moins, et de pins sylvestres au delà. Dans cette forêt, l'homme s'est taillé un domaine de pâturages et de terres arables. Mais beaucoup de ces prairies ont passé à la bruyère et beaucoup à la tourbe. Le blé n'est plus rémunérateur. L'avoine, l'orge, le seigle, la pomme de terre, le navet et la pâture entrent seuls dans la rotation. L'agriculture n'a plus ici en vue que la consommation locale. Ce sont les bestiaux, les moutons et leurs produits qui constituent l'article de vente.

En raison des nécessités de la vie pastorale, les groupements humains ont changé de forme. Chaque ferme est entourée d'une ceinture de pâturages et de petits champs de navets et d'avoine. Les villes et villages ont disparu. Le glen est l'unité de formation. C'est le siège historique du clan et maintenant de ses vestiges. Le chef a son château quelque part à l'entrée du glen. Là aussi est le marché le plus proche. L'unité morale du glen est forte. Il constitue une sorte de franc-maçonnerie que le mouvement de renaissance celtique cherche à ressusciter.

Avant la dispersion des Highlanders à la suite de la prise d'armes de 1745 et jusqu'à l'introduction du mouton en grand, il y avait là une population beaucoup plus dense qu'aujourd'hui, dont, en définitive, on eût pu tirer parti. Nous savons, d'après les résultats des reboisements en France et en Suisse, qu'il y avait moyen d'améliorer les pâturages et le sort des montagnes, en général. On ne devait pas désespérer de lancer les Highlanders dans toutes les industries pastorales. Mais quelle population eût pu s'élever sous la rapacité de la classe militaire qui détenait le pays, au milieu des guerres que se livraient les chefs et du mépris où ils tenaient la vie et la condition de leurs tenanciers? Le courage et l'espoir s'en allèrent. Les fours à chaux tombèrent en ruines ; la décadence commença de très bonne heure.

Après l'échec du Prétendant (1745), l'organisation sociale de la zone pastorale fut ébranlée jusque dans ses fondements. Les chefs de clans quittèrent le théâtre des ruines qu'ils avaient accumulées et perdirent le peu d'intérêt qu'ils pouvaient avoir dans une population dont ils ne pouvaient plus rien tirer. Ils se laissèrent aisément persuader par les économistes que le pays ne pouvait servir qu'aux pâturages extensifs de moutons ou *sheepwalks*, suivant l'excellente expression locale. Moins de cinquante ans après Culloden, sans autre forme de procès, ils firent le vide. Une partie des montagnards fut embarquée pour le Canada. Une autre fut dispersée sur les côtes où on leur attribua certains terrains misérables. Une autre enfin vint grossir la population urbaine. Là ne s'arrêta pas la décadence. Avec l'ouverture des marchés modernes aux produits d'outre-mer, les propriétaires trouvèrent plus de profit à louer leurs terres en chasses aux cerfs

et à la *grouse*. La qualité des pâturages tomba désormais rapidement[1].

§V. — **Zone forestière.**

Il n'en subsiste que peu de vestiges à l'heure actuelle. Avec les
quelques centaines d'hectares de forêts spontanées et les plantations dispersées, il est difficile de se faire une idée de ce que peut
avoir été la majesté des flancs de nos montagnes. Cette zone s'éle-
vait probablement jusqu'à 610 mètres environ. Nous avons dit
comment la hache, le feu et le pâturage sans frein avaient peu à
peu empiété sur ses limites inférieures. Aussi pourrait-on dire
qu'elle n'existe plus qu'à l'état théorique et potentiel. Exception
soit faite en faveur des pineraies et des mélézins de la Dee et
d'Athole. Ce fut d'ailleurs la zone essentiellement réservée à la
chasse, même après la disparition des arbres. Les habitations
permanentes sont ici remplacées par des cabanes d'occasion,
huttes solitaires ou *Bothies*. D'agglomération, de groupement d'aucun genre, il n'est plus question. Çà et là, sur les cols, existent ce
qui dut être autrefois des abris temporaires transformés en hôtelleries ou *Spittals* qui jouent un rôle analogue aux hospices ou « hos-
piz » des Alpes. Tels sont les Spittals du *Glen-Shee*, du *Glen Muich*
et autres. Les cabanes sont nommées *Shiels* ou *Shielings*. Les habitations des chasseurs primitifs sont remplacées par de luxueux
pavillons. La seule population permanente consiste en garde-
chasse ou *Game-Keepers* et en rabatteurs ou *Gillies*. Comment le
maintien et la restauration de cette zone *absolument nécessaire*

1. Quelle nation a subi une sélection plus destructive, génération après
génération? Voici un résumé de cette lamentable histoire :
    1° Guerres intestines du moyen âge, de clan à clan, etc.
    2° Guerres des Cavaliers et des Puritains.
    3° Guerres de 1689 (légitimité de Guillaume III d'Orange).
    4° Rébellion des Jacobites (1715).
    5° Tentative du Prétendant (1745), Culloden : dépression des pays conquis.
    6° Régiments de Highlanders. La fleur de la population décimée dans les
guerres jusqu'en 1815. — Constante reproduction des « moins aptes ». —
Perte de capital : l'agriculture manque de bras.
    7° Après 1745, absentéisme des chefs. — Confiscation des pâturages des
Crofters et *Sheep-walks*.
    8° Ouverture des marchés modernes.

eussent pu et pourraient à l'avenir retentir sur le bon état des pâturages inférieurs, c'est ce dont on ne peut douter désormais. La détérioration d'une zone entraîne celle de l'autre. Ce principe est absolument méconnu en Écosse. Dans l'évaluation du potentiel du pays, on n'en tient aucun compte; il est nul et non existant

§ VI. — Zone des alpages.

Elle consiste en landes alpines à *Vaccinium Myrtillus*, avec *Juniperus communis, forma nana*, çà et là, sur les pentes, et en pâturages de graminées que nous avons décrits plus haut.

Aujourd'hui, cette zone est de très peu d'importance. Elle est en majorité dans le domaine des *forêts aux cerfs* ou *deer forest*, jalousement gardées. Mais il fut un temps, dont la tradition garde la mémoire, où elle servait d'habitation d'été. Dès que les champs pouvaient être laissés à eux-mêmes, la population des glens émigrait en masse vers les pâturages alpins à la suite des troupeaux. Nous ne croyons pas qu'il en subsiste un seul exemple aujourd'hui.

Dans les grandes vallées, le profil en long est nécessairement plus graduel. En dehors des estuaires, il est plus abrupt et se caractérise par la disparition du carse, la réduction en largeur de toutes les zones. C'est ce que l'on peut présenter sous forme de variante.

Dans les hautes terres de l'ouest, le profil se réduit encore, la zone maritime et la zone agricole sont confondues. Car c'est le varech qui fait l'engrais. Au surplus, on ne trouve de terre arable que sur les terrains d'exhaussement ou *raised beaches*, dont l'importance devient ici primordiale. Ce sont encore ces plates-formes qu'utilisent les routes côtières et les chemins de fer. Malgré leur importance et surtout en raison de causes économiques, bon nombre d'entre elles sont sous la tourbe (Cowall, Lorne, Lochaber, Ardnamurchan, Moidart, Morar). Le climat ne s'opposerait point à une culture maraîchère.

En résumé, nous soumettrons la série des profils synthétiques suivants qui aideront à faire comprendre l'architecture et la végétation de ce pays.

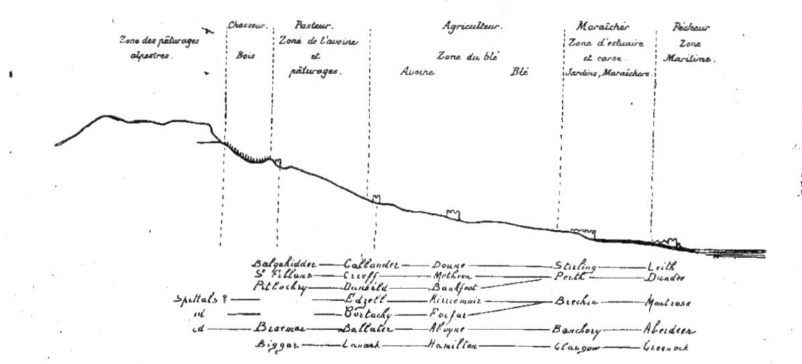

Zone des pâturages alpestres.
Chasseur.
Bois
Pasteur.
Zone de l'avoine et pâturages.
Agriculteur.
Zone du blé
Avoine
Blé
Maraîcher
Zone d'estuaire et carse.
Jardins, Maraîchers.
Pêcheur
Zone Maritime.
Balqahidder — Callander — Doune — Stirling — Leith
St Fillans — Crieff — Methven — Perth — Dundee
Pitlochry — Dunkeld — Bankfoot
Spittals ? — Edzell — Kirriemuir — Brechin — Montrose
id — Cortachy — Forfar
id — Braemar — Ballater — Aboyne — Banchory — Aberdeen
Biggar — Lanark — Hamilton — Glasgow — Greenock

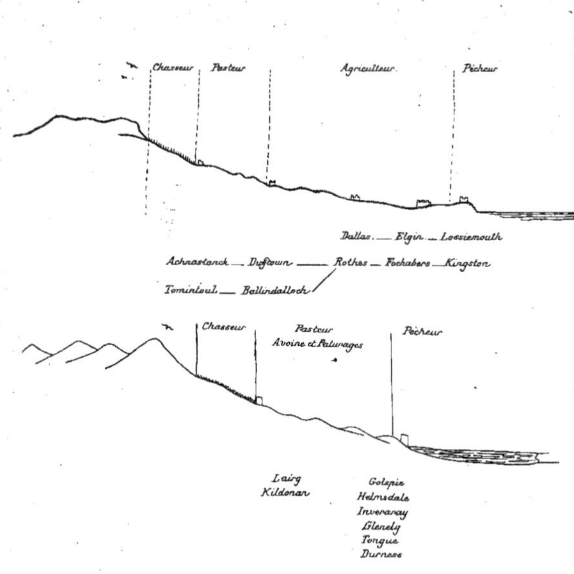

Chasseur
Pasteur
Agriculteur
Pêcheur
Dallas. — Elgin. — Lossiemouth
Achnastanck — Dufftown — Rothes — Fochabers — Kingston
Tomintoul — Ballindalloch
Chasseur
Pasteur
Avoine et Pâturages
Pêcheur
Lairg
Kildonan
Golspie
Helmsdale
Inveraray
Glenelg
Tongue
Durness

CHAPITRE III

LES ASSOCIATIONS

Qu'il nous soit permis de reprendre les faits sous ce nouveau point de vue, afin d'en dégager les relations de l'homme à la végétation.

§ J. — **Les forêts**.

Au fond, l'Écosse était surtout forestière ; en second lieu, pastorale. Nous avons, dans la première partie, discuté les témoignages de ce premier état de choses. Les documents historiques ne manquent d'ailleurs point. C'est ainsi que les chartes du treizième siècle[1] mentionnent les noms de vastes forêts telles que celles de la *Spey*, d'*Alnete*, *Tarnaway*, *Awne*, *Kilblene*, *Langmorgan*, *Elgin*, *Forres*, *Lochendorf*, *Inverness*, *Kintore*, *Cardenache*, *Drome*, *Stocket*, *Killanell*, *Sanquhar*, *Tulloch*, *Gasgow*, *Darns*, *Collyn*, *Innerpeffer*, *Boyne*, *Alyth*, *Drymie*, *Plater*, *Uweth*, *Cardenie*, *Senecastre*, *Stirling*, *Clackmannan*, *Leoder*, *Gala*, *Scone*, et *Cargill*. Que sont-elles devenues aujourd'hui? Chaque envahisseur reconnut dans la forêt un puissant obstacle. « Au rapport de Dion Cassius et d'Hérodien, les légions romaines et les troupes auxiliaires qui étaient en Écosse, l'an 207 de notre ère, furent employées par l'empereur Sévère à abattre les forêts de cette contrée et l'on prétend que 40 000 hommes périrent dans l'exécution de cette entreprise[2]. »

Les « Statistical accounts » mentionnent plusieurs cas d'incendies de bois par les Normands et les Danois.

Puis ce furent les Anglais. « Evelyne dit que 24 000 ouvriers furent employés par Jean de Lancastre à abattre les forêts d'Écosse . On a trouvé un ordre du général Monk, qui était alors au service de la République, prescrivant de détruire les bois d'Aberfoyle, parce que les troupes du parti qu'il voulait exterminer

---

1. TYTLER. *History of Scotland.*
2. MOREAU DE JONNÈS. *Premier Mémoire,* 1825.

et qu'il adopta depuis allaient y chercher une retraite. Cet ordre est daté du 17 mai 1654[1]. »

Cromwell et le général Wade ne restèrent pas en arrière.

Mais les Écossais eux-mêmes furent leurs propres ennemis. « Robert Bruce détruisit plusieurs forêts dans son expédition à Inverary contre Cumin[2]. » Les pages des « Statistical Accounts » abondent en récits de déprédations semblables dans les querelles de clan à clan.

Le pâturage, l'exploitation locale et étrangère, jouèrent un rôle non moins important. On peut s'en convaincre[3] d'après le détail des droits et privilèges que possédaient les habitants. Édouard Ier d'Angleterre distribuait en récompense à ses féaux les chênes et les têtes de cerfs[4].

On sait aujourd'hui quel est le rôle économique des forêts. Depuis les mémoires de Moreau de Jonnès (1825) et de Becquerel (1853), les enquêtes se sont multipliées. Wœikoff, Köppen, Wollny, ont repris la question sur de nouvelles bases et étudié le mécanisme de la dynamique externe des grands massifs arborescents. Les travaux des forestiers de tous pays apportent chaque jour de nouveaux documents. Chaque année, les rapports du service géologique et du bureau forestier des États-Unis viennent préciser nos connaissances sur des territoires d'intérêt varié.

Si l'on cherche à étudier l'influence positive de la forêt, on est obligé de s'adresser aux plantations. Quelque récentes que soient celles-ci, les résultats ordinaires : valeur économique, protection des pentes et formation de sol n'ont pas tardé à se faire sentir. Nous en voulons pour exemples, ou mieux, pour contrastes frappants, en conditions analogues, deux par deux : les forêts du Lochnagar et les déserts du massif du Cairngorm ; la vallée de la Tay aux gorges de Killiecrankie et les pentes ruinées du Glen Till. Opposons encore le Glen Moriston ou le Glen Garry (ouest) ou le Glen Roy ; au nord, le Berriedale au Helmsdale dénudé, ou le Strath Oykell au Glen Garve. Ce sont là des parallèles irréfutables. Nous pourrions les multiplier.

1. Moreau de Jonnès, *l. c.*
2. *Ibidem.* .
3. *Old et New Statistical Accounts of the Parishes of Scotland.* Voir aussi 1re partie.
4. Tytler, *l. c.*

Sur le Highlander lui-même, l'état primitif du chasseur a laissé
une empreinte héréditaire et indélébile. C'est un excellent öbser-
vateur de la nature et, comme le montre son histoire, de tempé-
rament batailleur, presque nomade[1]. Ses instincts de chasse
et de pêche, profondément ancrés, survivent sous le nom légal
d'instincts de braconnage[2]. Il fait un excellent garde-chasse et ra-
batteur, les deux vestiges de sa première occupation. Il conserve
la ruse et les activités spasmodiques : la capacité plutôt pour l'hé-
roïsme d'un moment que pour la patience et la persévérance du
devoir. Sa valeur, comme soldat, a les avantages et les inconvé-
nients de ce caractère. Pour être juste et exact, ajoutons que
telle fut l'éducation héréditaire que lui donnèrent ses chefs. Rien
de plus n'était requis de lui. On le dressa en conséquence.

C'est surtout par son absence, dans la zone subalpine, que la
forêt a influé sur l'Écosse montagneuse. A cela, il faut attribuer
la ruine des pentes, les inondations destructrices[3], la dégradation
des pâturages occidentaux, l'invasion de la bruyère à l'est,
l'omniprésence de la tourbe, la ruine longtemps prolongée des
terres basses elles-mêmes. Tous ces points ne sont plus à prouver. Bornons-nous à les énumérer. Le premier devoir est de créer
cette bande forestière subalpine et d'ainsi relever le potentiel du
pays que les pessimistes placent trop bas. Ce principe est aujour-
d'hui à la base de l'économie montagnarde. Il est d'autant plus
surprenant de lire dans l'excellent travail de A. Geikie[4] le passage
suivant :

« Ainsi le territoire féral ou laissé a l'état de nature est strictement délimité par les affleurements de roches anciennes qui,
abrupts et stériles, refusent de rentrer dans les limites de la culture. Depuis l'âge glaciaire, ces terrains ont été le domaine des
bêtes sauvages et restent tels, non pas, ainsi que le prétendent
quelques théoriciens grossiers, parce que les nobles propriétaires
l'ont ainsi voulu, mais parce qu'ils ne sont bons ni aux céréales
ni aux troupeaux de moutons. Nous entendons beaucoup parler,
aujourd'hui, de la honte et de la folie qu'il y a à abandonner de

1. Voir R. L. STEVENSON : *Kidnapped*, et NEIL MUNRO : *The lost Pibroch*.
2. Voir l'affaire Phipps. *Scotsman*, septembre 1905 et autres.
3. Voir Sir THOMAS DICK LAUDER : *Great Floods in Aug : 1829 in Morayshire*,
1830.
4. *Scenery of Scotland*, 1900.

si vastes surfaces au gibier, tandis qu'elles pourraient nourrir le peuple. Mais l'expérience de plusieurs siècles a montré que ce qu'on peut faire de mieux, c'est de laisser en paix ces régions. Il y a fausse économie politique à vouloir violenter la nature au lieu d'en être l'instrument. Elle a marqué les points que l'on peut utiliser, mais a placé son sceau indélébile sur ceux qu'elle se réserve et où sa beauté et sa grandeur doivent rester inviolés par l'industrie et l'agriculture. L'homme ne peut point semer son blé là où elle a décidé qu'il ne pousserait pas. Il ne peut paître ses moutons dans le domaine où elle a décrété que seuls le renard, le chat sauvage et l'aigle feraient leur demeure. »

Nous avouons être au nombre des grossiers théoriciens dont parle A. Geikie et qui croient à la possibilité d'un avenir pour les *Highlands*. Certes, les matériaux d'observation ont été les mêmes pour lui que pour nous. Mais il convient de remarquer que l'illustre géologue a complètement omis les forêts, tandis que nous avons fait une étude spéciale des résultats des expériences de reboisement depuis 150 ans, des signes de régénération spontanée et, en général, des possibilités du pays à ce point de vue. Après avoir vu les miracles opérés par les forestiers français dans des circonstances bien plus difficiles, nous nous permettons de nous inscrire en faux contre les paroles de A. Geikie et de regretter profondément une omission de nature à décourager et à neutraliser à tort les efforts et la propagande de la Société d'Arboriculture et de la Highland and Agricultural Society d'Ecosse.

§ II. — **Les pâturages**.

Au point de vue économique, les pâturages ont, dès le moyen âge, joué un rôle prépondérant. Les exportations consistaient principalement en peaux de bœufs et de moutons, laine, chevaux et bestiaux[1]. Comme les Anglais et les Français, les Écossais pâturaient leurs cochons dans les forêts de chênes[2]. Ils possédaient aussi la chèvre que, parfois, ils laissaient sauvage. L'abondance de ces animaux n'eut pas ici, en toute probabilité, un effet moins destructeur que dans les autres pays.

1. TYTLER. *History of Scotland.*
2. *Statistical Accounts.*

L'Écosse a donné à l'agriculture un nombre considérable de races de bestiaux et de moutons adaptées aux conditions du climat.

Qu'il nous suffise de citer ici les races indigènes souvent noires et dépourvues de cornes, telles les *Aberdeens*, les *Angus* et les *Galloways*. Quoique bonnes laitières, ces races donnent surtout de la viande de toute première qualité, sans rivale en Angleterre et probablement en Europe[1].

Parmi les races laitières, citons les *Ayrshires* qui ne le cèdent qu'aux *Jerseys* mais sont mieux adaptées aux circonstances locales.

Plus frappantes cependant sont les races de montagnes avec leurs cornes immenses, très écartées, leurs membres trapus et vigoureux, leur longue robe de laine rousse. Tels sont les *Kylœs* ou bestiaux des hautes terres de l'ouest. Ils faisaient probablement partie des animaux à demi sauvages des anciens Bretons. Non moins remarquable est la race des *Shetland*, la plus petite du monde, dont la vache n'est pas plus lourde qu'une brebis de bon poids. Elle pourrait constituer pour le nord et l'ouest de l'Écosse une ressource trop négligée.

Dans la race chevaline, à côté des célèbres *Clydesdale* qui appartiennent en propre aux terres basses, citons les poneys de montagne autrefois nommés *Garrons*.

Les moutons des *Cheviots* ou ceux, plus résistants encore, des *bruyères* ou à face noire sont bien connus. Enfin les Highlands et les îles ont fourni une race de cochons très robuste et à demi-sauvage.

Eu égard à la superficie, les herbages et les forêts d'Écosse ont donné peut-être plus de races d'animaux domestiques que tout autre pays d'Europe. Ces races sont admirablement en rapport avec leur milieu.

Dans les montagnes, cependant, on voit peu de prairies d'engraissage. L'élevage domine. Les industries laitières y sont peu développées; les classes supérieures n'ont rien fait pour les encourager.

La conséquence la plus importante des herbages est la laine et l'industrie textile. Les glens ne pourvoyaient qu'aux besoins locaux. C'était donc dans les marchés clés de glens ou dans les

1. *Encyclopædia Britannica*. Article : Agriculture, 9ᵉ édition.

ports intérieurs que cette industrie devait avoir son siège naturel. Elle devait nécessairement entraîner avec elle le développement d'une certaine habileté mécanique; et, par extension, une fois la mécanique et la mathématique en train, elles conduisaient aux plus hautes abstractions de la philosophie et de la métaphysique. A cela nous devons : *Bain*, qui travailla au métier jusqu'à l'âge d'homme; *J. Stuart Mill*, dont le père était tisserand, et peut-être, en dernière analyse, toute la *philosophie écossaise*[1].

§ III. — Les landes de bruyères.

Formations végétales de décadence, elles n'ont fait qu'engendrer, en Écosse, des habitudes de paresse et de négligence. Leur seule culture consiste dans l'écobuage qui ruine le sol et empêche la régénération d'une végétation plus élevée. Elles n'ont d'autre emploi que la teinturerie et l'alimentation de la grouse sacrée. Les abeilles y puisent cependant un miel justement renommé. Quant aux fruits des landes, myrtilles et autres baies, ou au fruit du *Rubus Chamæmorus*, on n'en a jamais tiré qu'un parti local. Il faut convenir, avec Alph. Mathey, que la bruyère est la vaine parure des montagnes.

Malgré l'état de dégradation auquel la bruyère a amené le sol, l'expérience de près de 120 ans démontre qu'elle permet, dans presque tous les cas, le reboisement en pins sylvestres et en mélèzes. L'exemple le plus remarquable, et nous nous bornerons à celui-là, est celui de Jean, quatrième duc d'Atholl, qui entre 1774 et 1826 a planté 14 millions d'arbres, surtout mélèzes, couvrant un espace de 4130 hectares en terrain de bruyères. Si l'on étudie, avec Hunter[2], le détail de ses opérations et si l'on va inspecter les prospères forêts d'Atholl, on se convainc que, jusqu'à la limite alpine, la diversité des situations actuellement sous bois répond d'avance aux arguments d'impossibilité.

1. Ruskin et Robert Burns sont ancestralement originaires du même hameau près de Taynuilt (Argyllshire).
2. Hunter. *Woods and Forests of Perthshire.*

§ IV. — **Tourbières**.

En l'absence des forêts, les tourbières de montagnes ont joué un rôle régulateur dans la distribution annuelle des condensations atmosphériques. Ce sont de vastes éponges. Avec quel succès remplissent-elles cette fonction, c'est encore à vérifier. Mais, en plaine et au voisinage des cultures, l'influence de ces formations a été désastreuse. Les rapports statistiques sur les paroisses des lowlands se plaignent à chaque page de l'humidité constante, des gelées nocturnes tardives et précoces et des brouillards froids aussi nuisibles à l'homme qu'à la culture. Tout ce que l'on a dit de la dégradation physique et morale produite par la tourbe dans l'Allemagne du Nord peut s'appliquer avec usure à l'Écosse.

Nous l'avons vu, les groupements humains présentent en territoire de tourbe un aspect auquel on ne peut se méprendre. C'est un éparpillement incohérent d'habitations à peine reliées entre elles par des sentiers toujours en mauvais état. La population se chauffant à la tourbe vit en des huttes misérables, indifférente aux moindres soins de l'hygiène, en proie à la phtisie et aux rhumatismes, enfoncée dans des habitudes de paresse et de malpropreté. Quelques maigres bestiaux, des champs irréguliers d'avoine, d'orge ou de pommes de terre, point drainés, point fumés : telles sont les ressources. La famine est en permanence. La condition de la femme y est dégradée. Elle est à peine un peu plus qu'une bête de somme.

La toponymie des plaines qui vont d'Aberdeen à Inverness livre ce conte de froid, d'humidité, de misère et de faim, sans protection contre le vent et dans un cadre de putréfactions rouges, brunes ou noires, aux teintes vives et étranges[1]. Témoins ces

1. Relevons-y entre autres : Boghead, Bogend, Bogside, Boghole, Bogrotten, Cleftbog, Redbog, Blackbog, Whitebog, Bogbrae, Boghill, Bogenhill, Bogton, Bogtown, Bawdbog.

Muirend, Muirhead, Muirside, Greennmuir, Blackmuir, Broadmuir, Littlemoor, Muirden, Muirhill, Muirton, Muirtown.

Myretide, Blackmire, Redmire, Claymire, Broadmyre.

Mosshead, Mosside, Mossend, Mosscroft, Mossfarm, Redmoss, Haremoss, Seggycrook, Saughs, Sauchenbush, Saughbank, Rottenhill, Blackrigg, Blackhillock, Blackhill, Brownside, Brownhill, Heatherbrae, Heatheryhill, Heathill, Heatherbank.

noms tragiques : Hungryhill, Windyhill, Wettyfoot, Cauldhame ou Coldhome, Coldhill, Barefold, Barehill, etc.

En comparant la plaine de Caithness à celle de Banff-Aberdeen, on est frappé de la ressemblance de la végétation. En réalité, elles représentent deux stades d'un même développement. Caithness et Sutherland nous fournissent une idée excellente du pays entre la phase du déboisement et celle de la culture. C'est d'abord la lande désolée du Sutherland du nord, laissée entièrement à elle-même, telle qu'elle fut au lendemain de sa ruine.

De là, nous passons sur les grès du Caithness à une première étape de l'évolution. A la fin du xviiie siècle, l'exemple et l'énergie philanthropique de *Sir John Sinclair*[1] réussirent à secouer l'apathie. Il s'est créé une large zone de culture qui empiète chaque jour sur la morasse. Çà et là, l'initiative des habitants a interposé des écrans d'arbres qui, bien que dénués de valeur marchande, protègent la culture derrière eux. Ici, on entrevoit clairement la route à suivre dans le développement économique du district. Il devient même possible de formuler une hypothèse au sujet de l'état primitif de ces régions, tel que, par exemple, durent le trouver les Normands. Le nombre de vestiges d'établissements pictes que l'on rencontre semble indiquer une population que ne comportent plus la dévastation et la pauvreté actuelles, si l'on fait abstraction de l'agriculture jeune d'un siècle.

Dès que nous descendons dans les plaines du sud, entre Inverness et Aberdeen, nous abordons une phase ultérieure de l'évolution. La tourbe est réduite à des ilots chaque jour entamés. Les rideaux forestiers et les grandes plantations abondent, produisant leurs effets habituels. Si, d'autre part, nous nous reportons à un siècle et demi en arrière, à l'état que nous décrivent Pennant et les auteurs des « Accounts », nous trouvons à peu près la phase que traverse aujourd'hui le Caithness. Avant de passer un verdict d'impuissance sur le milieu physique, il importe de ne pas perdre de vue ces considérations.

§ V. — Évolution du tapis végétal.

Tentons maintenant d'embrasser d'un coup d'œil général la succession des aspects qu'a présentés le tapis végétal des hautes

1. L'initiateur des *Statist. Accounts of Scotland.*

terres depuis l'époque glaciaire, en nous aidant de l'histoire esquissée par *Gunnar Andersson* pour la Scandinavie et ébauchée par *Clément Reid* pour l'Écosse.

Tandis que les glaciers se retirent vers la tête de vallées, les toundras sub-arctiques rampent à leur suite sur la plaine et envahissent les montagnes.

Elles se sont à peines installées sur les plateaux qu'on aperçoit, dans les terres basses, l'avant-garde de la végétation du bouleau, bientôt suivie des grandes masses de forêts. La toundra est conquise, mais tient bon dans les dépressions.

Le bouleau lui-même n'est que le précurseur du pin sylvestre qui, se mêlant d'abord à lui, finit par le dominer et à le réduire aux terrains les plus ingrats et aux pentes subalpines.

Puis, à mesure que le climat et le sol s'améliorent, la forêt de chênes prend possession de la plaine et saisit la montagne jusqu'à près de 500 mètres, laissant les vestiges des âges antérieurs se disputer les situations les moins favorables.

Mais voici, à la suite du cerf et de l'elk, l'homme, misérable chasseur et nomade : il taille dans la forêt quelques clairières pour ses troupeaux à demi sauvages.

Vague sur vague d'émigration viennent se briser sur ce promontoire extrême de l'Europe occidentale. Chaque fois, les clairières s'agrandissent, la forêt se réduit. Les plaines sont défrichées, dénudées, cultivées un moment, puis entourbées. L'agriculture rayonne des centres les plus fertiles et repousse dans les montagnes le berger primitif.

Comme il y a eu lutte entre la toundra, le bouleau, le pin et le chêne, il y a maintenant lutte entre le chasseur, le pasteur et l'agriculteur.

Les limites de leurs domaines oscillent au gré de leurs victoires. Mais la forêt a presque disparu dans les tourmentes. L'agriculteur recule dans la plaine. Le chasseur guerrier vit en parasite sur le berger, au milieu des montagnes désormais ruinées. Le berger lui-même est bientôt de trop. Voici le roi du dollar et du stock-exchange, dernier avatar du chasseur à la hache de pierre, qui reprend possession des pentes dénudées, tandis que le pays se transforme en un désert artificiel.

RÉSUMÉ ET CONCLUSIONS

Première partie

DIVISIONS DES TERRES HAUTES

1° Les hautes terres d'Écosse sont divisées par le climat, la topographie et la végétation ainsi que par leur influence combinée sur l'homme, en deux domaines : le *domaine occidental* est pluvieux et plus avancé dans l'évolution du modelé. C'est aussi un pays de pâturages de montagnes et de prairies mouilleuses dans les fonds. Le chêne, jusqu'à 500 m., et l'épicéa de Norvège, plus haut, seraient sa vocation naturelle. Le pin sylvestre y vient moins bien. Le *domaine oriental*, plus sec, est aussi moins découpé par l'érosion. Sa végétation actuelle consiste, en majeure partie, en bruyères, landes herbeuses sèches et forêts (pineraies et mélezins). L'étendue des plateaux et terrasses permet un grand développement de tourbières de montagnes.

2° Le *domaine de l'ouest* se subdivise en 4 districts basés sur des considérations de climat local et de topographie.

a) La *bande côtière lewisienne* est un district de rochers abrupts et stériles parsemés d'innombrables lacs. Sa faible altitude le prive du maximum des condensations atmosphériques. La violence des vents d'ouest le rend plus sec que les autres. La configuration du terrain et les conditions climatiques empêchent le développement des forêts et des pâturages.

La bruyère et quelques maigres herbages constituent la végétation actuelle. La population y est réduite à un minimum.

b) Le *district du Sutherland ouest* fournit un paysage de montagnes plus ou moins dispersées, très dénudées, très exposées aux vents du nord et de l'ouest. La végétation arborescente n'y est pas tolérée. Pâturages de montagnes.

c) Le *district du Ross de l'ouest et du Westerness* se résout en une série de chaînes parallèles et serrées. Le vent y est moins violent, les précipitations plus abondantes. Pâturages de montagnes plus ou moins ruinés. Marécages à *Myrica*. Landes de fougères. Prairies mouilleuses. Çà et là se voient des vestiges de bois de pins sylvestres. Ceux des fonds sont moussus. Ce serait le pays de l'épicéa.

d) Le *district du sud-ouest* est le plus pluvieux, le plus riche et le plus varié dans sa topographie, sa géologie et sa végétation. Les herbages y sont de meilleure qualité. Les tourbières atteignent un grand développement sur les plateaux de Lorne et dans la cuvette de Rannoch. Les bois de chênes y sont prospères et nombreux.

3° *Domaine oriental.* — a) Les landes monotones de *Caithness* et du Sutherland forment un premier district, sec et battu des vents du nord. Les tourbières y acquièrent une énorme importance.

b) Le district de *basses collines du Sutherland-est* présente, avec une trouée sur l'Atlantique, un profil atténué des prairies mouilleuses à l'ouest et des bruyères à l'est. Le chêne et le pin forment un caractère du paysage.

c) Les districts du centre et sud-est sont les plus secs, les moins venteux. Nous les divisons en trois districts dont les deux extrêmes ont de grandes analogies et pourraient être nommés districts du pin, tandis que les plateaux des Monadliath offrent une monotone succession de prairies mouilleuses de bruyère et de landes sèches.

Deuxiéme partie

LES FORMATIONS

A. — 1° Les *bois de bordure* à frênes, aunes et saules se développent en alluvions inondables et quasi saturées. Ils sont du type hydrophile et à couvert léger. Leur flore est marécageuse et non humicole. Naissant dans les tourbières infra-aquatiques, ils préparent le sol pour :

2° La *forêt de chênes*, qui va du niveau de la mer à 300 mètres. Le type du chêne pédonculé est celui des carses et des argiles profondes des lieux plats. Le chêne sessiliflore est l'essence des « dryfields » ou collines et pentes inférieures plus sèches.

3° Le *hêtre* a été introduit : mais, mis à profit, pourrait constituer et constitue déjà quelques magnifiques futaies.

4° Le *pin sylvestre* est l'essence des montagnes du domaine oriental, où il s'élève à 600 mètres. L'ouest lui offre des conditions climatiques moins avantageuses. La formation est en tout point adaptée aux circonstances de sol et de climat et constituera la principale ressource forestière et le maximum du potentiel végétal dans les Grampians. Sa disparition est entièrement due à l'homme. Protégé contre les animaux, il se reconstitue et se propage partout avec facilité. Sa formation est xérophile.

5° Le *mélèze* lui fait une concurrence redoutable et possède une écologie analogue. Il est introduit.

6° Le *bouleau* partage beaucoup des caractères synécologiques du pin et forme une zone étroite au-dessus de lui. Sa sobriété, sa résistance et sa puissance de reproduction en terrains ruinés en font l'appui du forestier écossais, le levier du reboisement. L'espèce verruqueuse est celle de l'est. L'espèce odorante est celle des endroits mouilleux et des cirques alpins et subalpins.

B. — 1° Les prairies de plaine, marécages infraaquatiques, prairies mouilleuses des vallées, prairies de carses, sont des formations édaphiques, hydrophiles, très localisées, à eaux riches. Elles ne reçoivent pas dans les Highlands l'attention qu'elles mériteraient. Elles sont échangeables et passent spontanément au bois marécageux ou aux forêts de chênes.

2° Les pâturages de montagnes requièrent un apport atmosphérique régulier et abondant et un bon drainage. Ce sont des mésophytes qui, par la suppression de la zone forestière supérieure, passent aux landes herbeuses xérophytiques ou à la bruyère. Dans le haut, elles passent aux landes alpines ou aux tourbières de plateaux. Dans le bas, le terrain leur est disputé par les pâturages semi-tourbeux, les landes de fougères, les marécages à Myrica. (Aire de grande extension dans l'ouest.)

5° Les prés-salés appartiennent à la partie marine des estuaires, les prés saumâtres à la zone intérieure. Ceux-ci passent aux formations de la série 1 ou aux bois mouilleux.

C. — 1° Les bruyères de montagnes, essentiellement xérophytiques et préférant un climat sec, trouvent leur limite occidentale dans l'isohyète de 1500 millimètres. La formation d'alios compact est moins intense en Écosse qu'elle ne parait l'être en Allemagne et certainement moins nuisib'e. Ces bruyères caractérisent le domaine oriental. Elles passent aux tourbières sur les plateaux, s'échangent facilement avec les landes herbeuses sèches et les pineraies dont elles sont des états de dégradation. Elles n'envahissent le pin que parce que l'homme les propage et les cultive. Elles luttent aussi avec les pâturages dégradés, les landes de fougères aigles, et dans l'ouest avec les marécages à Myrica. L'habitat des tourbières vieilles ou brisées est extrêmement xérophile.

2° Les bruyères de plaine, brousses épineuses et à genêts, sont des succédanés des pineraies ou des chênaies. Elles sont de formation humaine et indiquent le reboisement. Leur xérophilie est moins accentuée que celle de 1°. On peut les considérer comme formations mésophytiques à tendances sèches. Les brousses à genévriers appartiennent aux terres hautes, celles d'ajoncs et genêts à la plaine.

D. — 1° Les tourbières de plaines, tourbières à sphaignes, ne dépendent que du drainage. Passant par une hydrophilie complète, elles arrivent à un xérophytisme aussi accentué au dernier terme de leur évolution. Elles s'échangent, à l'origine, soit avec les prairies mouilleuses ou les tourbières à *Myrica*: dans la vieillesse, avec les bruyères à Tetralix ou même des bois légers.

2° Les tourbières de montagnes ont une nature xérophile dès le début. Elles s'élèvent souvent sur la bruyère ou les landes herbeuses sèches ou mouilleuses. Elles n'atteignent nulle part le développement des tourbières de plaine.

5° Les deux genres de tourbières peuvent être mêlés. Leur origine a été, la plupart du temps, le déboisement.

4° Les marécages à *Myrica*, spéciaux aux hautes terres du nord et de l'ouest, reculent devant la tourbe profonde, conquièrent la Callune et la Tetralix et remplacent souvent les bois mouilleux des alluvions et les marais infra-quatiques. Leur caractère est semi xérophile. Ils ne s'élèvent pas au-dessus de 330 mètres, quoique les plantes isolées de cirier puissent dépasser quelque peu cette limite.

Troisième partie

LES UNITÉS TOPOGRAPHIQUES

Au point de vue géobotanique, on peut considérer pour les hautes terres les unités géographiques suivantes : carses, straths, glens, montagnes du type herbeux, de bruyère, ou dénudé. Celles-ci se grouperaient en circonscriptions d'ordre immédiatement inférieur aux *sous-districts* de Flahaut (cantons, secteurs).

La tradition celtique a reconnu ces subdivisions, en l'espèce, plus ou moins vagues, mais de caractère et de paysage susceptibles de définition géographique. Citons les anciennes unités de Mull, Morven, Ardnamurchan, Ardgour, Moidart, Morar, etc. ou encore Benderloch, Lorne, Argyll, Cowall, Nether-Lochaber, Lochaber, etc. Toutes, selon nous, évoquent une physionomie topographique et végétale individualisée. Nous n'avons pas été à même de poursuivre cette ligne de recherches, mais la soumettons aux phytogéographes écossais, convaincu qu'on peut en tirer parti.

Quatrième partie

1° Le domaine occidental des hautes terres est pastoral, maraîcher et forestier (épicéa et chêne).

Le domaine oriental est agricole et forestier (pin, mélèze, hêtre, chêne).

2° Les zones d'altitude du pays peuvent s'énumérer comme il suit :

A. *Zone maritime*, terrasses et falaises, dunes et prés-salés. Cultures : pin maritime et sylvestre, pâturages de dunes : *links* ; cultures légères : carottes, pommes de terre de primeurs, etc. « Sewage Farms » ou fermes d'épandage.

B. *Zone des carses*. Marécages infra-aquatiques, bois mouilleux et de chênes pédonculés. Prairies de fauche et à l'engraissage, blé, fèves, choux, etc. Horticulture. Frugiculture.

C. *Zone des plaines et straths*. Bois de chênes, tourbières, prairies mouilleuses des vallées.

Cultures : chêne, hêtre, prairies irriguées ; céréales, légumes, cultures fourragères.

D. *Zone pastorale*. Chêne sessiliflore et pin sylvestre, pâturages mouilleux et de montagnes, tourbières, bruyères. Cultures : pâturages permanents, fourrages verts, avoine et orge. Pin sylvestre et chêne, etc.

E. *Zone forestière*. Pin sylvestre, bouleau, pâturages ruinés, bruyères, tourbières. Culture : pin sylvestre, mélèze, épicéa, bouleau.

F. *Zone alpine*. Landes et pâturages alpins. Landes faîtières.

3° A l'est comme à l'ouest, la reconstitution d'une bande forestière supérieure est le premier pas vers le progrès. Son absence a causé la ruine des pâturages de pentes et la propagation de la callune. L'expérience démontre que cette bande est de création possible et même relativement aisée[1].

4° Pour l'est au moins, la bruyère pourrait être remplacée entièrement par le pin, le mélèze et le sapin (A. pectinata).

---

1. Si le total d'énergie humaine et de capital employé à ériger les clôtures (2 mètres de haut) à cerfs, sur des pics inaccessibles jusqu'à 1200 mètres d'altitude, avait été consacré à des plantations rapides, les highlands seraient déjà en vue du salut.

EXPLICATIONS DE LA CARTE

Choisir, parmi les associations d'ordres divers, des unités biologiques équivalentes adaptées à l'échelle de la carte et montrant les grands aspects du paysage, les grands faits de la distribution, tel se posait à nous le problème cartographique.

Les échelles de travail dont on dispose en Angleterre sont les suivantes :

1 : 10 560	Équidistance = 5,05 m.	}	Cartes officielles
1 : 63 360	— = id.	}	(Ordnance Survey).
1 : 126 720	Équidistance = 76 m.	}	Cartes de Bartholomew
1 : 633 600	— = 152 m.	}	(Institut cartograph. d'Édimbourg).

La quantité de détails que comporte une carte phytogéographique est strictement délimitée par l'échelle et l'équidistance. Dès que les relations de la topographie à la végétation cessent d'être clairement aperçues, par suite de la grandeur de l'écart vertical, il devient nécessaire de recourir à une plus grande échelle. Il est d'ailleurs clair qu'au point de vue de la cartographie synécologique, les conditions changeront avec le relief moyen du pays étudié.

Ces considérations appliquées à l'Écosse et l'expérience sur le terrain que nous y avons acquise nous permettent de formuler les conclusions suivantes :

1° Le levé des formations décrites en détail dans la deuxième partie exige une échelle minimum du 50 000°, avec équidistance de 20 mètres.

2° Les formations synthétiques que nous enregistrons comportent une échelle minimum du 100 000°, équidistance de 50 mètres.

3° Une carte des unités topographiques telles que celles de la 3° partie peut se contenter du 500 000°, équidistance de 150 mètres.

Dans notre choix, nous nous sommes rapproché autant que possible de ces desiderata. Dans l'impossibilité de joindre à cette étude les cartes au 126 720ᵉ qui eussent pris un espace énorme, nous en avons fait effectuer une réduction à une échelle 5 fois moindre, en opérant quelques simplifications.

Les formations synthétiques que nous enregistrons sont composées d'un certain nombre d'unités biologiques de la deuxième partie. Cette fusion a été guidée par les considérations de juxtaposition habituelle, d'échange et de succession que nous avons dressées en graphiques. C'est ainsi que nous prenons seulement les unités suivantes :

1. *Dunes*, comprenant. . . . .
- Praires de dunes ou *Links*.
- Bruyères de dunes.
- Landes à Pteris.

2. Forêts de chênes. . . . . .
- Chênes.
- Hêtres.
- Feuillus mêlés.
- Bois de bordure.

3. Forêts de pins sylvestres . .
- Pins.
- Mélèzes.
- Conifères mêlés.

4. Bouleau. . . . .
- Betula verrucosa.
- B. odorata.

5. Bruyères de montagnes . . .
- Bruyères propres.
- Brousses de genévriers.

6. Landes herbeuses sèches et enchevêtrements de pâturages et bruyères (lewisiens).

7. Pâturages de montagnes . .
- Prairies de montagnes.
- Landes à Pteris.
- Prairies alpines.

8. Pâturages mouilleux de montagnes . . . .
- Prairies mouilleuses de vallées.
- Pâturages mouilleux de mont.
- Landes à *Myrica*.

9. Tourbières . . . .
- de plaines.
- de montagnes.

10. Landes alpines.

11. Landes faîtières.

12. Culture.

Comme on le voit, nous avons négligé quelques formations dont les stations sont trop réduites à l'échelle employée. Cette défalcation a pour but de faire ressortir les faits principaux de la distribution.

APPENDICE

Le recensement floral de nos districts, basé sur : *Topographical Botany* (*Watson*, 1874) et *Topographical Botany of Scotland* (*Trail*, 1898-1900), donne les résultats ci-contre (mousses, algues et champignons exclus et abstraction faite des variétés ainsi que des espèces douteuses, introduites, adventices, etc.).

REMARQUES : 1° Le nombre des espèces diminue du sud au nord et de l'est à l'ouest.

2° Les Grampians sont les plus riches grâce aux grandes vallées qui les pénètrent et au développement de la flore alpine.

3° Le district des Monadliath est très pauvre, grâce au niveau uniformément élevé de son plateau.

4° Le district du Ross est doit sa richesse aux grandes vallées qui s'ouvrent sur la plaine de Moray.

5° Dans le domaine occidental, le nombre des espèces va en décroissance régulière du sud au nord.

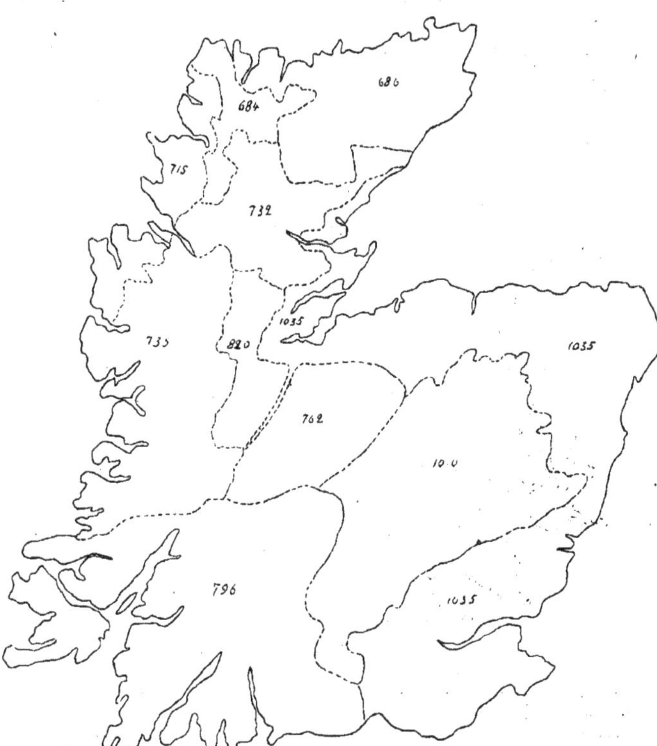

Sombre d'espèce indigènes aux districts géobotaniques décrits.
D'après H. C. Watson et J. Trail..)

Division floristique du nord de l'Écosse, par H. C. Watson (1873-1874).
(*Topographical Botany.*)

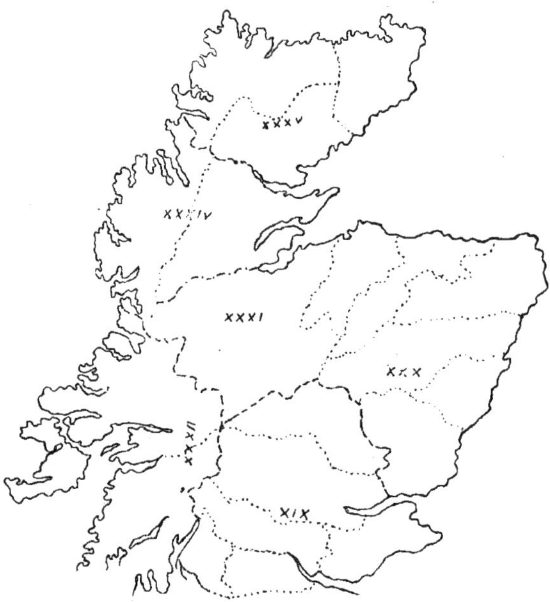

XXXV. — Upper North Highlands.	XXXI. — North East Highlands.
XXXIV. — Lower North Highlands.	XXX. — Mid East Highlands.
XXXII. — Inner West Highlands.	XIX. — South East Highlands.

INDEX BIBLIOGRAPHIQUE

OUVRAGES GÉNÉRAUX ET MÉTHODES

CLEMENTS, F. E. — *Studies in the Vegetation of the State*, III. Lincoln (Nebraska), 1904.

FLAHAULT, CH. — Projet de carte botanique, etc. (*Bull. Soc. bot. France.* Tome XLI, 1894).

— Au sujet de la carte botanique (*Ann. de Géogr.*, 1896).

— *Projet de nomenclature phytogéographique*, Montpellier, 1901.

PAVILLARD, J. — *Recherches sur la flore pélagique de l'étang de Thau.* Montpellier, 1905.

SCHIMPER, A. W. — *Pflanzengeographie.* Iéna, 1898.

SCHÜBELER, C. — *Die Pflanzenwelt Norwegens.* Kristiania, 1875.

CLIMAT

EN GÉNÉRAL

BARTHOLOMEW'S. — *Physical Atlas.* Vol. III. Meteorology, Edinb., 1899.

HANN, J. — *Handbuch der Klimatologie*, 1897.

— *Lehrbuch der Meteorologie.* Leipzig, 1901.

DE L'ÉCOSSE

BUCHAN, A. — Rainfall of Scotland (*J. Scot. Met. Soc.*, III^d Series, Vol. X, Nos XI-XII).

— The mean atmospheric Pressure and Temperature of the British Islands. (*Ibidem.*)

MOSSMAN, R. C. — The Climate of Brœmar. (*Ibidem.*)

Journal of the Scott. Meteo. Society.

GÉOGRAPHIE ET GÉOLOGIE

GÉNÉRALES

DE LAPPARENT, A. — *Traité de géologie.* Paris, 1900.

DE L'ÉCOSSE

GEIKIE, A. — Physical features of Scotland (*Encyclopædia Britannica*, 9th édition).

— *Scenery of Scotland.* London, 1901.

Geological Survey of the United Kingdom. Cartes.

Ordnance Survey. Cartes.

Geological Survey. *Summary of Progress*, 1897-1904.

— *Memoirs*, Cowall, 1897; Fife et Kinross, 1900.

SOLS

Muller, P. E. — *Recherches sur les formes naturelles de l'humus.* Trad. H. Grandeau. Paris, 1889.

Ramann, E. — *Forstliche Bodenkünde und Standortslehre,* 1893.

Risler, E. — *Géologie agricole.* Paris, 1884-1898.

Wollny, E. — *Décomposition des matières organiques.* Traduction E. Henry. Paris, 1902.

M'Connel, Pr. — *Agricultural Geology.* London, 1902.

ÉCOLOGIE

GÉNÉRALE

22 Bonnier, G. — Cultures expérimentales dans les hautes altitudes (*C. R. Ac. Sc.,* 1890).

23 Bonnier et Flahaut. — Observations sur les modifications des végétaux suivant les conditions du milieu. (*Ann. Sc. Nat. Bot.,* VIe série, tome VII, 1879).

24 Costantin, I. — Recherches sur l'influence qu'exerce le milieu sur la structure des racines (*Ann. Sc. Nat. Bot.,* VIIe série, tome I, 1885).

25 Curtel, G. — Recherches physiologiques sur la transpiration et l'assimilation pendant les nuits norvégiennes (*Rev. Gén. Bot.,* tome II, 1890).

26 Engelmann. — Die Farben bunter Laubblätter (*Bot. Zeit.,* 1887).

27 Freidenfelt. T. — Studien über die Wurzeln krautiger Pflanzen (*Flora,* XCI).

DE L'ÉCOSSE

58 Smith, R. — On the Seed Dispersal of Pinus sylvestris and Betula alba (*Ann. Scott. Nat. Hist.,* 1900).

59 Trail, W. H. — The Modes of Dispersion of the Seeds of scottish wild Plants (*Scott. Naturalist,* VI, 1881-1882).

28 HESSELMAN, H. — Zur Kenntnis der
Pflanzenlebens schwedischer
Laubwiesen. Stockholm (*Beih.
Bot. Centralbl.*, 1904).

29 HILDEBRAND, F. — Die Lebensdauer
und Vegetationsweise der Pflanzen, etc. (*Bot. Jahrb.*, 1881).

50 KERNER, A. — *Pflanzenleben* (Leipzig, 1891).

51 MIDDENDORF. — *Reise in den ausser-
sten Norden und Osten Sibiriens.*
Petersburg, 1864-1867.

52 NILSSON, HERMAN. — Einiges über
die Biologie der schwedischen
Sumpfpflanzen (*Ref. Bot. Centralbl.*, 1899,.

55 OVERTON. — Beobachtungen und
Versuche über das Auftreten
von rothen Zellsaft bei Pflanzen
(*Jahrb. f. Wissenschaftl. Bot.*,
1899).

54 SERNANDER, R. — *Den Skandinaviska Vegetationens Spridnings
Biologi.* Upsala, 1901.

55 STAHL. — Einige Versuche über
Transpiration und Assimilation
(*Bot. Zeitg*, 1894).
— Der Sinn der Micorhizenbil-
dung (*Jahrb. f. wissenschaftl.
Bot.*, XXXIV, 1900).
— Ueber bunte Laubbätter (*Ann.
Jard. Bot. Buitenzorg*, 1896).

56 WARMING, E. — Über Grönlands
Vegetation (*Engler's Jahrb.*, Bd.
X, 1888).

57 WIESNER, J. — Photometrische.
Untersuchungen auf pflanzen-
physiologischem Gebiete(*Sitz. d.
Wiener Akad.*, Bd. 102, 1893).

ASSOCIATIONS

EN GÉNÉRAL

Birger, S. — *Vegetationen och Floran I Pajala*. Stockholm, 1904.

Drude, O. — Der Hercynische Floren Bezirk (*Die Vegetation der Erde*. Leipzig, 1902).

Grœbxer, P. — Die Heide Norddeutschlands (*Ibidem*. Leipzig, 1901).

Nilsson, Alb. — Sudschwedische Calluna-Heide (*Ref. Bot., Centralbl.*).

Rikli, M. — *Die Pflanzenformationen der Arktis*. Zürich, 1902).

Shaw, Ch. H. — The Development of Vegetation in the morainal Depression of the Vicinity of Woods Hole (*Bot. Gazette*, 1902).

Schröter, C. — *Die Vegetation des Bodensees*. Zürich, 1902.

Sernander, R. — *Sveriges Växtvärld I Nutidoch Forntid*. Ljus, Stockholm, 1900.

Stebler und Schröter. — Beiträge zur Kenntniss der Matten und Weiden der Schweiz (*Landw. Jahrb. d. Schweiz*, X, 1892).

Warming, E. — *Okologischen Pflanzengeographie*. Berlin, 1896.

Weber, C. — Über die Zuzammensetzung des Natürliche Graslandes in Westholstein, etc. (*Schrft. 'Nat. Ver. Schleswigholstein*, Bd. IX, 1892).

DE L'ÉCOSSE

Smith, R. — *Botanical Survey of Scotland* : II. Edinburgh District; III. Northern Perthshire (*Scot. Geogr. Mag.*, July et August, 1903).

Smith, R. et Smith, W. G. — III, IV. Forfar and Fife (*Scot. Geogr. Mag.*, 1904-1905).

-- Plant Associations of the Tay Basin (*Proc. Perth. Soc. Nat. Sc.*, 1898 et 1900).

Smith, W. G., Moss, C. E. and Rankin, W. M. — Geographical Distribution of Vegetation in Yorkshire (*Geogr. Journ.*, London, 1903).

Steele, Andrews. — *Natural and agricultural History of Peat Moss*. Edinburgh, 1886.

White, B. — The Flora of River Shingles (*Scot. Nat.*, 1890).

VÉGÉTATION ET FLORE DE L'ÉCOSSE

56 Gardiner, W. — *Flora of Forfarshire*. Edinburgh, 1848.

58 Scott Elliott, C. F. — *Flora of Dumfriessshire*. Dumfries, 1896.

57 Murray, Al. — *Northern Flora*. Edinburgh, 1836.

59 Trail, W. H. — Topographical Botany of Scotland (*Ann. Scott. Nat. Hist. Soc.*, 1898-1900).

60 Watson, H. C. — *Topographical Botany*. London, 1873-1874.
61 White, F. B. — *Flora of Perthshire*. Edinburgh, 1898.
66 *Transactions of the Botanical. Society of Edinburgh.*
62 *Annals of the Scottish Natural History Society*. Edinburgh.
65 *Scottish Naturalist.*
64 *Proceedings of the Perthshire Society for Natural Sciences.*
67 *Trans. Inverness Scientif. Society.*
68 *Trans. Stirling Natural History and Archeological Society.*
63 *Journal of the Cairngorm Club.*

HISTOIRE DE LA VÉGÉTATION

69 Andersson, G. — *Die Geschichte der Vegetations Schweden*. Stockholm, 1896.
70 Reid, Clement. — *The origin of the British Flora*. 1899.

DIVERS

Becquerel, M. — *Des climats et de l'influence des sols boisés et non boisés.* Paris, 1853.
Board of Agriculture. — *Agricultural Returns of Great Britain.*
De Calan, Ch. — Les Highlanders (*La Science sociale*, Paris, 1895).
Gray, P. — The Influence of Trees on Rainfall and Climate (*Tr. Dumfries Nat. Hist. et Antiq. Soc.*, 1885).
Hunter, Th. — *Woods, Forests and Estates of Perthshire*. Perth, 1883.
L. Andrew. — *History of Scotland*. 1898.
Mackay, Æ. J. G. — History of Scotland (*Encyclop. Brit.*, 9th Ed.)
Mathey, A. — *Le pâturage en forêt*. Besançon, 1900.
Moreau de Jonnès. — *Premier Mémoire*. Bruxelles, 1825.
Mouillefert, P. — *Traité des arbres et des arbrisseaux*. Paris.
Report on the present state of Agriculture in Scotland (*R. Highl. et Agric. Soc. Scotl.*, Edinburgh, 1878).
Schubert. — Influence of Forests on Climate (Report in *Timber News and Saw Mill Engineer*, May 28, 1904).
Statistical Accounts of the Parishes of Scotland (*Old and New*).
Stewart (Rev.). — *Nether Lochaber*, 1883.
Trans. of the Highland and Agricultural Society. Edinburgh.
Transactions of the Royal. Scott. Arboricultural Society. Edinburgh.
Tytler. — *History of Scotland.*
Walker John. — *Economic History of the Hebrides and the Highlands*. Edinburg, 1812.
Warden Alex. — *Angus and Forfarshire*, 1881.

56374. — PARIS, IMPRIMERIE GÉNÉRALE LAHURE

9, RUE DE FLEURUS. 9